Horkheimer zur Einführung

Willem van Reijen

Horkheimer zur Einführung

Überarbeitete Neuausgabe
mit einer Bibliographie
von René Görtzen

Edition SOAK
im Junius Verlag

Redaktion

Detlef Horster (Hannover)
Hans-Martin Lohmann (Heidelberg)
Alfred Paffenholz (Bremen)
Willem van Reijen (Utrecht)
Burghart Schmidt (Wien)
Frieder O. Wolf (Berlin-West)

SOAK-Einführungen 32
Junius Verlag GmbH
Stresemannstraße 375
2000 Hamburg 50
Copyright 1987 by Junius Verlag
Alle Rechte vorbehalten
Einbandgestaltung: Johannes Hartmann, Hamburg
Satz: Junius Verlag, Hamburg
Druck: SOAK GmbH, Hannover
Printed in Germany
ISBN 3-88506-832-X
2., überarbeitete und erweiterte Auflage April 1987

CIP-Kurztitelaufnahme der Deutschen Bibliothek
Reijen, Willem van:
Horkheimer zur Einführung/Willem van Reijen. —
2., überarb. u. erw. Aufl. — Hamburg: Junius Verlag, 1987.
(SOAK-Einführungen; 32)
1. Aufl. im SOAK-Verl., Hannover
ISBN 3-88506-832-X

NE: GT

Inhalt

Vorwort

Während die Sekundärliteratur zu den Werken Adornos, Marcuses und auch des »Außenseiters« der Kritischen Theorie, Walter Benjamin, geradezu ausufert, ist das Werk Max Horkheimers erstaunlich selten zum Gegenstand allgemeiner Darstellungen und kritischer Betrachtungen gemacht worden.

In diesem Bändchen versuche ich, den philosophisch interessierten Leser in das Werk Horkheimers einzuführen, ohne mehr als minimale philosophische Fachkenntnisse vorauszusetzen. Feuerbachs Forderung, die Philosophie zur Sache der Menschheit und den Menschen zur Sache der Philosophie zu machen, fühlte sich Horkheimer verpflichtet; ihr ist auch jede Einführung in sein Werk verpflichtet.

Mir ist deshalb vor allem daran gelegen, daß der Zusammenhang zwischen der politisch-gesellschaftlichen und ökonomischen Entwicklung der bürgerlichen Gesellschaft und ihrer Philosophie als Anthropologie und Sozialphilosophie deutlich wird.

Das Werk Horkheimers ist untrennbar mit dem seines Freundes Adorno verbunden und vor allem nicht losgelöst zu sehen von seiner Funktion als Direktor des Instituts für Sozialforschung. Ich habe deshalb die Philosophie Horkheimers zunächst unter den verschiedenen thematischen Schwerpunkten, die sich unter diesen Aspekten abzeichnen, dargestellt, um sie dann in einem knappen Überblick chronologisch zusammenzufassen.

Bei dem vorliegenden Text handelt es sich um eine vom Autor besorgte Übersetzung und Bearbeitung der Kapitel 5 und 6.1 aus seiner holländischen Gesamtdarstellung der Kritischen Theorie, die unter dem Titel *Filosofie als Kritiek* im Verlag Samson 1981 erschienen ist. Dem Verlag Samson und im besonderen Herrn Klaas de Jong danke ich sehr herzlich für die großzügige Lizenzvergabe, welche die Veröffentlichung dieses Bändchens ermöglicht hat. (Inzwischen liegt diese Gesamtdarstellung in deutscher Übersetzung vor: *Philosophie als Kritik*, Hain Verlag, Königstein/Ts. 1983.) Für diese Neuausgabe hat René Görtzen eine ausführliche kommentierte Bibliographie der Schriften von und über Max Horkheimer zusammengestellt, die jedem Interessierten zur Orientierung bei der weiteren und vertiefenden Lektüre dienen kann.

I. Systematische Darstellung der Philosophie Max Horkheimers

In diesem Kapitel werden die Aufsätze Horkheimers und Adornos aus der Periode zwischen 1923 und 1979 systematisch in bezug auf die Bereiche Kultur, Geschichte, Gesellschaft und Natur dargestellt und analysiert. Zu betonen ist natürlich, daß diese Ordnung der Gesichtspunkte etwas Künstliches und sogar der Grundtendenz der Kritischen Theorie Zuwiderlaufendes ist. Für die »Frankfurter« steht der Zusammenhang der genannten Bereiche nicht weniger als die Untrennbarkeit des Gegenstands und der wissenschaftlichen Methode im Zentrum ihres Denkens. Die Art der Darstellung ist also nur aus didaktischen Gründen zu rechtfertigen.

1. Kultur

Auf der Grundlage ihrer frühen philosophischen Arbeiten wenden sich Adorno und Horkheimer schon bald einer Analyse der sozialen, ökonomischen und politischen Entwicklung unserer Gesellschaft zu. Sie möchten aus den Wurzeln unserer Kultur die aktuellen Phänomene rekonstruieren. Dabei zeigt sich ein sehr starker Einfluß von Marx. Bereits in den frühen Aufsätzen in der *Zeitschrift für Sozialforschung* wird klar, wie stark die Autoren sich dessen bewußt sind, daß die Kultur einer Gesellschaft durch die ökonomische Ordnung und den dazugehörigen Überbau aus Rechtssystem, politischer Organisation und Moral bestimmt wird.

Anfänglich kann noch von einem gewissen Optimismus die Rede sein. Horkheimer und Adorno hoffen, daß eine rationale Gesellschaftsform letztlich doch verwirklicht werden könnte. Dieser Optimismus wird von der Philosophie der Aufklärung getragen, welche impliziert, daß kritisches Denken und autonomes Handeln durch eine bessere Information von immer mehr Menschen gefördert werden und so schließlich zur Abschaffung der ideologischen und ökonomischen Unterdrückung führen können. Schon bald aber stellt sich die Einsicht ein, daß die Aufklärung auf intellektuelle Kreise beschränkt bleibt, so daß die tatsächliche Änderung der gesellschaftlichen Verhältnisse nicht einmal ansatzweise in Sicht kommt. Bereits hier wächst die Sensibilität dafür, daß unter den Prämissen der Aufklärungsphilosophie eine Elite im Namen der Unterdrückten als politische Avantgarde fungieren müßte, um die Veränderung, die die Unterdrückten selbst herbeiführen sollen, in Gang zu setzen. Mit dem wachsenden Einfluß des Faschismus und der Ausweitung des Zweiten Weltkrieges schwindet die Hoffnung, daß Kapitalismus und Faschismus historische Erscheinungen von vorübergehender Art sein könnten, die prinzipiell innerhalb unserer Kultur zu vermeiden gewesen wären. Die Überzeugung wächst, daß sie schon in den Wurzeln unserer Kultur angelegt sind. Das heißt aber in letzter Instanz, daß noch die Philosophie der Aufklärung eine Erscheinungsform der Ursachen des Kapitalismus und Faschismus ist. Es ist oft auf den ausgeprägten ahistorischen Charakter dieser Auffassung Horkheimers und Adornos hingewiesen worden.

Zu fragen ist, ob es tatsächlich möglich ist, alle Phasen unserer kulturellen Entwicklung als Erscheinungsformen einer bestimmten Kraft anzusehen. Ohne Rücksicht auf doch sehr wesentliche Änderungen z.B. im ökonomischen System halten Adorno und Horkheimer fest an der Überzeugung, daß sich quer durch die ganze Geschichte bestimmte Wirkungen und Interpretationsschemata ausmachen lassen. Dabei hatte Marx gerade die qualitativen Änderungen, die das kapitalistische System mit sich bringt, schon sehr viel differenzierter analysiert. Es läßt sich aber deutlich feststellen, daß die »Frankfurter« gerade im Hinblick auf die Generalisierung der Ursachen für Faschismus und Kapitalismus die Grenzen überschreiten wollen, die sie in der Marxschen ökonomischen Analyse angelegt sehen. Das tun sie konkret, indem sie den Marxschen Ausgangspunkt der Ausbeutung durch den einer allgemeiner gefaßten Unterdrückung ersetzen. Der Terminus Unterdrückung hat hier nicht nur Bezug auf die Unterdrückung von Menschen durch Menschen, sondern auch auf die Unterdrückung des eigenen Selbst. So wird in dem gemeinsamen Werk von Horkheimer und Adorno, in der *Dialektik der Aufklärung*, Odysseus vorgestellt als eine frühe Figur des Arbeitgebers oder Bourgeois, der sich von seinen Arbeitern rudern läßt. Während die Arbeiter, ohne in den Genuß des Gesangs der Sirenen zu kommen, ihre Arbeit verrichten, überläßt sich Odysseus ungefährdet, aber auch handlungsunfähig dem ästhetischen Genuß. Odysseus und die Arbeiter unterdrücken dabei, sei es auch auf je spezifische Weise, eigene Erfahrungsmöglichkeiten, ihre eigene Natur.

Die Trennung von Arbeit und Genuß ist nach dieser Analyse das Grundmuster unserer gesellschaftlichen Organisation und damit Grundmuster der Selbstbildung. Unterdrückung ist überhaupt die ausgezeichnete Dimension der Welt-, Fremd- und Selbsterfahrung. Auf ähnliche Weise kann das Werk de Sades verstanden werden. Sexualität wird nicht anders dargestellt oder von den Romanfiguren erlebt, als auf die Weise, in der auch die Güterproduktion vonstatten geht: arbeitsteilig und effizient. Keine Körperfunktion bleibt ungenutzt. Das, was zu Genuß führen sollte, wird mechanisiert und funktionalisiert. Sexualität ist nicht Genuß, sondern Arbeit und damit Unterdrückung, Ausbeutung, nicht nur zu Lasten eines der Partner, sondern beider. Einseitige Ausnützung ist eine dialektische Unmöglichkeit. Wer andere unterdrückt oder ausbeutet, unterdrückt auch sich selbst. Nicht nur dadurch, daß der Ausbeuter versucht, möglichst viel aus dem anderen herauszuholen, womit der andere auch noch für den Ausbeuter entgegen dessen Absicht und Interesse entwertet wird, sondern auch durch die Identifikation von Genuß und Ertrag wird die eigene Freiheit zerstört. Das Ertragsstreben vermindert oder verhindert die Möglichkeit, überhaupt noch etwas als einen Wert für sich zu erfahren. Bereits hier zeichnet sich ab, daß die Zielsetzungen des menschlichen Handelns in sich irrational werden bei gleichzeitig wachsender Rationalität der Mittel. Anhand der Analysen der *Dialektik der Aufklärung* werde ich diesen Grundzug näher erläutern.

2. Die »Dialektik der Aufklärung«

In der *Dialektik der Aufklärung* (Amsterdam 1947) vertreten Horkheimer und Adorno die Auffassung, daß erstens alle, auch die gutgemeinten menschlichen Aktivitäten, in unserer Kultur zu Ergebnissen führen müssen, die den Zielsetzungen zuwiderlaufen, und daß dies kein Zufall, sondern notwendigerweise so ist; daß zweitens überall, wo scheinbar Ordnung herrscht, das Chaos regiert; und daß drittens die Gründe und Ursachen für diese Gegensätze und Verschleierungen nicht einfach als Störungen verstanden werden können, die durch eine Verbesserung unserer wissenschaftlichen Methoden und ihrer Anwendung beseitigt werden könnten, sondern daß diese Gegensätze, Widersprüche und Konflikte, die wir erleben, durch unsere rationale Denk- und Handlungsweise selber verursacht werden. Das heißt also, daß das Übel, dessen Wurzel Rationalität heißt, nicht durch eine Verbesserung dieser Rationalität ausgerottet werden kann[1]. Im Gegenteil: eine Intensivierung rationaler Handlungs- und Denkweisen vergrößert die Probleme, während sie diese gleichzeitig in hohem Maße verschleiert.

Gegenstände der Problemstellung

Die oben genannte Diagnose wird von Adorno und Horkheimer in vier Hinsichten präzisiert.

1. Das Individuum wird heute nicht mehr in seinem wirklichen Wert anerkannt. Nicht nur im Faschismus wird deutlich, daß das Individuum entwertet ist: »Du bist nichts, dein Volk ist alles«. Auch im Kapitalismus wird das Individuum den unmenschlichen ökonomischen Wertbestim-

mungen unterworfen, die es Arbeitern und Kapitalisten als Charaktermasken gleichermaßen verwehren, sich selbst zu verwirklichen. Auch in den Wissenschaften verschwindet das Individuelle hinter der Forderung der universellen Gültigkeit der Gesetze, die in der Wertschätzung statistischer Daten am perfektesten zum Ausdruck gebracht wird.

2. Die Massen sind nicht bestimmt durch Solidarität, sondern durch die bewußtseinsdeformierende Propaganda politischer Systeme, die fortwährend und strukturell das Interesse kleiner Gruppierungen als allgemeines Interesse darstellen und durchsetzen (»was gut ist für General Motors, ist gut für Amerika«).

3. Was gemeinhin als kulturell wertvoll dargestellt wird, ist in Wirklichkeit barbarisch.

4. Die Wissenschaften, die schon immer den Anspruch erhoben haben, zu einer Verbesserung der Lebensumstände und der sittlichen Ordnungen einen Beitrag liefern zu können, zeigen immer deutlicher ihren menschenfeindlichen Charakter.

Zusammenfassend: Bacons Aussage »Wissen ist Macht« ist wörtlich aufzufassen. Wissen ermöglicht den Menschen nicht nur, etwas zu beherrschen, sondern Wissen heißt, selber Herrschaft auszuüben. Die wissenschaftliche Erkenntnis steht nicht außerhalb jeglicher gesellschaftlicher Organisation und ist also nicht unabhängig von der jeweils bestehenden Herrschaftsstruktur. Die Tatsache, daß der Mensch seine Umwelt und die sozialen Beziehungen, in denen er lebt, erkennt, bestimmt nicht nur sein Verhältnis zur Natur und zum Mitmenschen, sondern auch seine Selbsterfahrung. Ganz konkret kommt dies im Phänomen der Selbsterhaltung zum Ausdruck[2]. In seinem Streben nach Selbsterhaltung unterdrückt der Mensch seine Angst

14

mit Hilfe seiner Rationalität. Der Mensch verwendet also die Rationalität als natürliche Eigenschaft gegen die natürliche Angst. Rationalität und Angst können also nicht, wie es in der Tradition geschehen ist, als oppositionelle Kräfte verstanden werden. Die Gegenüberstellung von Rationalität und Natur ist künstlich. Der Mensch bleibt in jeder Hinsicht von seiner Natur abhängig, auch dann, oder gerade dann, wenn er meint, die Natur zu beherrschen. Die Beherrschung der Natur ist nur ein scheinbarer Sieg, der Schein ein Produkt jener natürlichen Eigenschaft — der Rationalität, die den Menschen zwingt, alles anders wahrzunehmen, als es von sich aus ist. Wieso sich das so verhält, wird deutlich werden bei einer näheren Betrachtung der Begriffe Dialektik und Aufklärung.

Dialektik und Aufklärung

Dialektik. Ohne den Anspruch zu erheben, daß die nachstehende Umschreibung der Dialektik eine Definition im klassischen Sinne wäre, können wir behaupten, daß mit diesem Terminus zum Ausdruck gebracht wird, daß dasjenige, was sich uns als Ursprung und Motor einer Entwicklung zeigt, keine Einheit ist, sondern aus zwei antagonistischen Komponenten besteht. Diese zwei Komponenten können ohne einander nicht bestehen; wenn auch im Laufe einer Entwicklung sich zeigt, daß eine dieser Komponenten die stärkere zu sein scheint, ergibt sich doch, daß sie ihre Kraft (quasi parasitär) der anderen Komponente verdankt[3]. Würde diese letztere zerstört, dann wäre die erstere nicht mehr lebensfähig. Dasjenige, was auf den ersten Blick das stärkere zu sein schien, ist doch abhängig. Dieses Verhältnis gilt nun nicht nur für die Beziehungen zwischen Mensch und Natur oder für die Beziehungen zwischen den Menschen, sondern auch für die Relation von Theorie und Wirklichkeit. Adorno und Horkheimer stellen darum auch die Frage, wie es möglich ist, daß unsere Kultur trotz der Tatsache, daß die Wissenschaften und ihre Anwendung eine enorme Entwicklung durchlaufen haben, eher in eine neue Barbarei zu führen scheint als zu einer Humanisierung unserer Gesellschaft. Es stellt sich mit anderen Worten die Frage, ob es überhaupt noch einen Sinn hat, Wissenschaft zu betreiben. Die Philosophie ist der richtige Ort, diese Frage zu stellen, weil sie vor allen anderen Wissenschaften von Anfang an bei der Entwicklung des wissenschaftlichen Modells und der ihm zugrunde gelegten Vorstellung von Rationalität maßgeblich beteiligt war.

Aufklärung. Wir können unsere kulturelle Geschichte ganz grob in zwei Phasen unterteilen. In der ersten Phase von ungefähr 500 v. Chr. bis ins 18. Jahrhundert trägt die Entwicklung der Wissenschaften dazu bei, die Hilfsmittel, die wir für die natürliche Selbsterhaltung brauchen, zu entwickeln. Die mythologische Interpretation der Naturvorgänge wird immer mehr durch rationale Erklärungen ersetzt. Im 18. Jahrhundert fängt dann mit der Philosophie der Aufklärung jenes Zeitalter an, in dem sich der Mensch endgültig befreit von den irrationalen Vorstellungen der Gesellschaft, in der er lebt. Weder die Autorität der Tradition noch die gesellschaftlicher Institutionen wie Staat und Kirche sollten den Menschen in seinen Urteilen und Handlungen bestimmen. Nur dann, wenn das Prinzip der eigenen Verantwortung zum bestimmenden Moment der gesellschaftlichen Organisation gemacht wird, kann der

Würde des Menschen Genüge getan werden. Es ist kein Zufall, daß diese Auffassung des Wertes und der Eigenverantwortung des Individuums gerade in einer Zeit entwickelt wird, in der sich die bürgerliche Gesellschaft zwar erst im Ansatz, aber doch schnell entwickelt, wobei die traditionell bestimmten Abhängigkeitsverhältnisse sich als Fessel erweisen. Adorno und Horkheimer erblicken in dieser grundsätzlichen Änderung jedoch auch nur eine scheinbare Befreiung des Individuums. Es ist zwar positiv zu bewerten, daß die historisch gewachsene, nicht legitimierbare Unterdrückung vieler durch wenige aufgrund ihrer Geburt abgeschafft wird, aber an die Stelle dieser Abhängigkeit tritt eine neue, die Forderung, rational zu denken und sich rational zu verhalten.

Das Denken und seine Gesetze produzieren sich als die neuen Herren. Das ist nicht in dem Sinne mißzuverstehen, als würde hier dem irrationalen oder anti-rationalen anarchistischen politischen Prinzip das Wort geredet, sondern das heißt, daß jene bestimmte Art von Rationalität, die für die Auffassung von Wissenschaftlichkeit bestimmend geworden ist, nämlich das instrumentalistische Herrschaftsdenken, sich eine Monopolstellung erobert hat. Im Kampf um die Selbsterhaltung, in dem der Mensch natürliche Hilfsmittel benützt, entwickelt sich nach und nach nicht nur die Unterdrückung der äußeren Natur durch den Menschen, sondern auch die Unterdrückung der inneren Natur (dieses Thema spielt auch in der Philosophie Herbert Marcuses eine zentrale Rolle). Je mehr diese Unterdrückung erfolgreich zu sein scheint, umso mehr wird für Adorno und Horkheimer deutlich, wie abhängig der Mensch von der Natur bleibt — eine Abhängigkeit, die gerade dann in extremem Maße gesteigert wird, wenn die innere Natur scheinbar erfolgreich unterdrückt wird. Die Parallele zu politischem Geschehen liegt auf der Hand. Der Befreier ist der neue Unterdrücker.

Mythos und Rationalität als Herrschaft

Die Rationalität ist das wahre Erbe des Mythos. Schon im Mythos, so sagen Horkheimer und Adorno, werden die natürlichen Ereignisse in Begriffen und Gesetzmäßigkeiten fixiert und dank dieser Fixierung beherrschbar. Der Mythos erklärt, duldet keine andere Erklärung neben sich und erfüllt damit die Funktion eines Dogmas. Die Erfahrung der Natur wird durch die Schematik des Mythos bestimmt. Der Mensch lernt, oder wird auch dazu gezwungen, die äußere Natur, seinen Mitmenschen und sich selbst in der Gesetzmäßigkeit der mythischen Erklärung zu erfahren, und das heißt, zu erklären. Die Erklärung, die der Mensch schuf, um unabhängiger von der Natur zu sein, beherrscht ihn selbst. Die Abschaffung des Mythos machte nur einem neuen und unversöhnlicheren Herrscher Platz. Die Aufklärung bzw. das Prinzip der Rationalität ist selbst totalitär. Die Fähigkeit der Erkenntnis wird zu einem neuen Mythos. Das zeigt sich in der enormen Überschätzung der Wissenschaft als problemlösender Kraft in unserer Gesellschaft.

In der Konfrontation von Natur und Rationalität sehen Adorno und Horkheimer den Ursprung und den Motor der Entwicklung unserer Kultur. Dieses ungelöste und unlösbare Spannungsverhältnis ist auch als Herrschaftsverhältnis Ausdruck einer Angsterfahrung. Wenn der Mythos die Wurzel für die Rationalität ist, dann ist auch noch die Angst vor der radikal gewordenen Rationalität mythischer

Art. In der Angsterfahrung erscheint nicht nur die äußere, sondern auch die innere Natur als ein Chaos. Das Undurchschaubare verursacht Angst. Die Reaktion darauf zeigt sich in der mythischen Erklärung, in der alles als Schicksal gedeutet wird. Dieses Moment der Fixierung der Ereignisse in einer Sphäre des Unabänderlichen führt zu einer Art von Resignation vor den gegebenen Machtverhältnissen. So positiv es auch zu bewerten ist, daß dieser Resignation in der Aufklärung ein Ende gesetzt wird, so sehr muß betont werden, daß die Aufklärung zur Verhinderung neuer Machtstrukturen untauglich ist. Die machtstabilisierende Funktion des Mythos wird nun ersetzt durch die Permanenz der Angsterzeugung.

Die immer fortschreitende Entwicklung des instrumentalistischen rationalen Denkens gestattet nicht mehr die Vorstellung eines Endpunktes der Angsterzeugung, wie sich im Mythos der Mensch dem Schicksal ergibt. Die fortschreitende Entwicklung der Rationalität erzeugt fortwährend neue Versprechen im Hinblick auf die Beherrschbarkeit der Verhältnisse. Aber immer wieder ergibt sich, daß der Mensch sich zunehmend schwerer beherrschbare und durchschaubare Verhältnisse gerade dank der Anwendung der Rationalität erschafft. So kommt die »Anerkennung der Macht als des Prinzips aller Beziehungen« in unserem Zeitalter voll zur Geltung.

Konsequenzen für Theorie und Realität

Wenn Machtausübung das durchgängige Organisationsprinzip unseres Umgangs mit der Natur und den Mitmenschen wird, und wenn alles in Begriffen der Machtausübung erklärt und verstanden wird, dann hat das zur Folge, daß nichts mehr so sein kann, wie es von sich aus ist. Der Mensch entfremdet sich von der Natur, von den Mitmenschen und von sich selbst.

Am greifbarsten kommt das zum Ausdruck darin, daß das Individuelle abgewertet wird. Das Kollektiv verneint den Einzelnen nicht nur in dem Sinne, daß er als Einzelner keinen Anspruch auf die Herstellung der Bedingungen eines erfüllten Lebens mehr stellen kann, sondern auch in der wachsenden Gefährdung seiner Existenzgrundlage. Jede Philosophie, auch die der Aufklärung, ist insofern mitschuldig, als sie Machtverhältnisse stabilisiert hat. Hinter der auf den ersten Blick scheinbar harmlosen Bedeutung, die man statistischen Daten und den formalen Denkschemata beimißt, zeigt sich bei näherem Zusehen auch die Herrschaft des Allgemeinen über das Einzelne.

Der Rationalitätsanspruch, der gerade im Generalisieren in logischer und ethischer Hinsicht zum Tragen kommt und der zweifellos im Kampf gegen eine hierarchische Gesellschaftsstruktur positive Züge aufweist, entwickelt im Zusammenhang mit der von ihm getragenen Entwicklung des positivistischen Denkens ein totalitäres, vernichtendes Potential. Die dadurch verursachte Angst führt, wie gezeigt, zu einer Perfektionierung und Erweiterung der Mittel der Machtausübung. Der Widerspruch ist darin zu sehen, daß die Angst eine Funktion der Selbsterhaltung ist; aber, wie Horkheimer sagt, es gibt ja gar kein Selbst mehr, das unter diesen Bedingungen zu erhalten wäre. Es gibt nicht einmal mehr die Möglichkeit, selbst zu sein. Die Angst reduziert den Menschen irreversibel auf das, wovor er am meisten Angst hatte, auf erstarrte Natur, die keine Individualisierung seinerseits zuläßt. Die Sehnsucht danach, sich auf erstarrte Natur reduzieren zu lassen, ist nur

20

möglich, weil der Mensch in die zwei Dimensionen der Rationalität und der Natur auseinanderfällt, während er doch gleichzeitig dieses Gespaltensein aufheben möchte. Das hieße jedoch, die Rationalität als solche aufzuheben, sich in die Natur, das ganz Andere zur Rationalität, zu verlieren. Dieses Paradoxon ist kennzeichnend für die menschliche Existenz (besonders der »späte« Adorno sympathisiert ironisch mit dieser Möglichkeit des Selbstverlusts). Es ist nicht spezifisch für irgendeine besondere Gesellschaftsform, sondern für jede Art gesellschaftlichen Lebens. Damit kreieren Adorno und Horkheimer in der *Dialektik der Aufklärung* ein Geschichte übergreifendes Moment der menschlichen Selbstbestimmung.

Die *Dialektik der Aufklärung* wurde in den letzten Jahren des Zweiten Weltkrieges geschrieben. Es liegt auf der Hand, daß die Autoren damals eine sehr pessimistische Sicht auf die geschichtliche Situation und ihre Entwicklung hatten. Es war ihnen nicht nur klar geworden, daß die deutschen Arbeiter nicht imstande waren, den Faschismus zu stoppen, sondern auch, daß die Sowjetunion, von der man die entschiedene Bekämpfung des Hitlerreiches erwartet hatte, im Zuge der Leninisierung und Stalinisierung keineswegs eine Kraft gegen die totale Unterdrückung darstellte[4]. Bei der gebotenen Zurückhaltung ihren Gastgebern im Exil gegenüber ist trotzdem festzustellen, daß die »Frankfurter« auch in die Alliierten diesbezüglich keine Hoffnungen setzten. Auch dieser Pessimismus ist teilweise noch in der Theorie Marxens begründet.

Soweit die Trennung von Kapital und Lohnarbeit Machtausübung zum zentralen Organisationsprinzip der Gesellschaft macht, hielten die »Frankfurter« an der grundsätzlichen Bedeutung der Marxschen Theorie fest. Die Tatsache aber, daß die Sowjetunion, wo die Trennung von Kapital und Lohnarbeit beseitigt schien, gleichwohl totalitäre Züge in ihrer Politik aufwies, führte Adorno und Horkheimer dazu, die Aufhebung der Trennung von Kapital und Lohnarbeit zwar als eine notwendige, aber nicht als eine hinreichende Bedingung für eine humane Gesellschaftsorganisation zu betrachten. Marxens Theorie wird sozusagen in der Praxis dadurch widerlegt, daß trotz der Aufhebung der Trennung von Lohnarbeit und Kapital nicht die Ökonomie, sondern die Politik das bestimmende Moment im gesellschaftlichen Geschehen bleibt. Damit wird dem Bereich der theoretischen Überlegung und der geplanten Regulierung der gesellschaftlichen Verhältnisse wieder mehr Bedeutung zugewiesen als der Sphäre der Produktion.

Daraus darf man nun aber nicht ableiten, daß dann auch von der Theorie her Widerstand gegen die bestehenden Verhältnisse zu leisten wäre, wie es im Grunde die Philosophie der Aufklärung programmatisch verkündete. Das Gegenteil ist der Fall, weil, wie wir gesehen haben, Adorno und Horkheimer in der Theorie bzw. in der Rationalität selbst die Wurzel der Herrschaftsausübung sehen. In dem Maße, in dem die Theorie und ihre Anwendung bestimmend geworden sind für das gesellschaftliche Geschehen, ist auch die wirkliche Welt korrumpiert worden. Theorie selbst ist schon lange nicht mehr imstande zu sagen, wie die gesellschaftliche Situation wirklich ist. Die korrumpierte Wirklichkeit zerstört auch die theoretischen Ansprüche, weil Theorie immer Theorie der Realität ist. Theorie kann weder adäquat beschreiben, was der Fall ist, noch wie es eigentlich sein sollte. Sie kann höchstens noch die Vermutung davon andeuten, wie es sein sollte. Es ist, wie Marx sagte: die Kritik des Kapitalismus ist selbst noch kapitalistische Kritik. Der Kapitalismus bestimmt, was Kritik ist und, als allumfassendes Organisationsprinzip, auch wie sie artikuliert wird. Wenn aber das Gesamt falsch ist, ist auch noch die richtige Darstellung dieses Falschen als Teil der falschen Wirklichkeit selber falsch. Theorie ist daher nur noch in dieser beschränkten Hinsicht als Kritik möglich. Damit ist aber auch schon fraglich geworden, an wen sich diese Kritik noch wenden kann. »Wenn die Rede heute an einen sich wenden kann, so sind es weder die sogenannten Massen noch der Einzelne, der ohnmächtig ist, sondern eher ein eingebildeter Zeuge, dem wir es hinterlassen, damit es doch nicht ganz mit uns untergeht«[5].

3. Geschichte

Die Themen, die hier zur Sprache kommen, Kultur, Geschichte, Gesellschaft und Natur, sind natürlich vor allem aus der Sicht der Kritischen Theorie sehr eng miteinander verbunden. Es hat also etwas Künstliches, sie getrennt darzustellen, aber das läßt sich aus der didaktischen Perspektive nicht anders machen. Das heißt allerdings, daß ich fortwährend an die philosophische Einbildungskraft des Lesers appellieren muß, den Zusammenhang dieser Themen im Auge zu behalten. Bei der Behandlung des Themas Geschichte ist es unumgänglich, nicht nur die Auffassungen der »Frankfurter« darzulegen, sondern auch die Philosophen jeweils kurz zu berücksichtigen, die die Kritische Theorie stark beeinflußt haben[6].

23

Von den »Frankfurtern« ist Horkheimer derjenige, der am weitesten dem Verhältnis von Philosophie und Geschichte nachgegangen ist. Nach seinen ersten richtungweisenden Aufsätzen in dem Band *Anfänge der bürgerlichen Geschichtsphilosophie* aus dem Jahre 1930 veröffentlicht Horkheimer in der *Zeitschrift für Sozialforschung* u. a. *Geschichte und Psychologie* (1932), einen Aufsatz, in dem er die Geschichtsauffassung von Kant, Hegel, Marx und Dilthey kritisch bewertet. Auch in anderen Essays, wie in *Materialismus und Moral* (1933) und dem späteren *Psychologie und Soziologie im Werk Wilhelm Diltheys* (1940), stellt Horkheimer immer wieder die Frage nach der Methode der Geschichtswissenschaft und nach ihrer Bedeutung für die anderen Sozialwissenschaften und die Politik[7]. Wir kennen nur eine Wissenschaft, hatte Marx gesagt, die Wissenschaft der Geschichte, und er hatte diese pointierte Definition auf die Bedeutung der Geschichte für die Umgestaltung der aktuellen politischen Verhältnisse gemünzt. Diese Frage bleibt für Horkheimer von größtem Interesse, aber daneben tritt die Frage, die vor allem im Zusammenhang mit der Philosophie von Dilthey zu stellen ist, nämlich die nach der Bedeutung der Psychologie als Hilfswissenschaft der Geschichtswissenschaft.

Horkheimer geht davon aus, daß Dilthey explizit entwickelt, was bei Kant und Hegel nur im Hintergrund sichtbar wird, nämlich die Vorstellung einer durch die Zeit hindurch stets gleichen Erkenntnisfähigkeit des Menschen. So ist ja erst die Möglichkeit gegeben, historische Änderungen als solche wahrzunehmen, indem man sie nämlich an den konstanten Parametern menschlicher Wahrnehmungsfähigkeit und Informationsverarbeitung mißt. So

24

wird die Erkenntnisfähigkeit zu einem archimedischen Punkt, von dem aus sich überhaupt erst die Möglichkeit ergibt, Änderungen festzustellen. Diese relativ idealistische Sicht findet zwar nicht die volle Zustimmung Horkheimers, aber sie hat den Vorzug, die menschliche Wahrnehmung nicht bloß als einen Reflex der Wirklichkeit aufzufassen, sondern ihr ein Moment der Freiheit zuzusprechen. Die Selbständigkeit der menschlichen Wahrnehmung, die in der Selektion der Mannigfaltigkeit der Sinnesdaten zum Ausdruck kommt, ist die Grundlage dafür, daß wir gleichermaßen objektiven Gegebenheiten eine unterschiedliche Bedeutung beimessen können.

Gerade im Hinblick auf die Sowjetpraxis, die Theorie von Marx deterministisch, mechanistisch und sogar darwinistisch zu interpretieren, ist dieses Festhalten an einer Selbstbestimmung der Wahrnehmung, wenn natürlich auch innerhalb gewisser Grenzen, wie sich Horkheimer durchaus bewußt ist, von größter Bedeutung. Der Kampf um Freiheit und Unfreiheit in der menschlichen Wahrnehmung, den Lenin in *Materialismus und Empiriokritizismus* in politisch-praktischer Hinsicht gegen die Idealisten schürt, ist philosophisch als die Verteidigung der Widerspiegelungstheorie bekannt. So wie es aber den Faschismus auch ohne Nietzsche und Wagner gegeben hätte, wäre die Vorherrschaft der Kommunistischen Partei auch ohne philosophische Auseinandersetzung mit der idealistischen Philosophie verwirklicht worden. Gleichwohl hat man es in parteikommunistischen Kreisen für notwendig gehalten, Lukács' Auffassung, daß das Proletariat von sich aus das richtige Klassenbewußtsein habe, energisch zu bekämpfen. Nicht jeder »normale« Bürger spiegelt auch automatisch richtig im Bewußtsein wider, was gesellschaftlich der Fall ist. Die Avantgardefunktion der Partei ist gerade darin begründet, daß sie gegenüber jedem einzelnen Individuum das Monopol korrekter Wirklichkeitserkenntnis beansprucht. Damit wird nicht nur die Vorherrschaft der Partei begründet, sondern auch bestritten, daß überhaupt eine Kritik außerhalb der offiziellen möglich sei. Die Wahrheitsansprüche der Marxschen Theorie, monopolistisch vertreten und interpretiert durch die Partei, sind bestimmt durch die Vorstellung einer totalen Determiniertheit unserer Reflexion durch die materiellen Verhältnisse.

Gegen diese Hermetik der Relationen zwischen Realität und Theorie wie zwischen Theorie und politischer Praxis opponiert die Kritische Theorie. In der Begründung seiner antideterministischen Auffassungen unterscheidet Horkheimer in seinem Aufsatz *Geschichte und Psychologie* zwei »logisch verschiedene Geschichtsbegriffe«[8]. Der erste ist entwickelt als Reaktion auf die platt materialistischen Vorstellungen, die am Ende des letzten Jahrhunderts gang und gäbe waren, und beinhaltet, daß der Sinn der Natur, der Kunst und der Geschichte zurückzuführen sei auf verschiedene Funktionsweisen des erkennenden Subjekts. Horkheimer kritisiert diese Auffassung, weil sie es zuläßt, einen Unterschied zu machen zwischen der historischen Wirklichkeit und einer adäquaten Beschreibung der Wirklichkeit.

Horkheimer wendet ein, daß die Wirklichkeit, die Kant aufspaltet in eine Wirklichkeit an sich, die unerkennbar ist, und eine Wirklichkeit als Erscheinung, die nach unseren Erkenntnismöglichkeiten geordnet ist, es zwar ermöglicht, Geschichte als ein Produkt menschlicher Aktivität zu betrachten, aber Aktivität werde dann nur verstanden als

26

Erkenntnisaktivität. Diese Einschränkung aber ist nicht akzeptabel, auch dann nicht, wenn konkret historisch ein positiv-emanzipatorisches Moment darin zu sehen ist, daß die Geschichte nicht länger als Schicksal erfahren wird[9]. Den zweiten Typus des Geschichtsbegriffs findet Horkheimer in Heideggers Philosophie, in der mit dem Konzept des Seins eine ahistorische Dimension eingeführt wird, welche die Funktion hat, das Wesentliche der Geschichte außerhalb der konkreten wirklichen Geschichte zu halten. Was das sogenannte idealistische Moment anlangt, das darin gesehen wird, daß Freiheit ein Moment der geschichtlichen Entwicklung selbst ist, sympathisiert Horkheimer tatsächlich eher mit Hegel als mit Kant. Hegels Auffassung der Geschichte als gesellschaftlich-politisches Wesen bestimmt Freiheit zu einem Moment, das einen integralen Bestandteil des geschichtlichen Prozesses ausmacht. Freiheit ist nicht, wie im subjektiven Idealismus Kants, postuliert als Gegensatz oder Ergänzung zum System gegenseitiger Bedürfnisbefriedigung.

Gerade die Tatsache, daß Freiheit ein integrales Moment der Geschichte ist, macht es wirklich möglich, zu unterscheiden zwischen scheinbarem und wirklichem Fortschritt auf dem Gebiet der Emanzipation. Daß Hegel die Wechselwirkung von individuellen Motivationen und Intentionen mit einer allgemeinen historischen Entwicklung der Vernunft in der Geschichte konkret analysiert hat, ist der Grund dafür, daß Hegels Philosophie ein bleibendes Fundament für die Kritische Theorie geworden ist[10]. Sie begründet nicht nur die programmatische Interdisziplinarität der Frankfurter Schule, sondern auch die Konkretion ihrer geschichtlichen Analysen. Horkheimer übt jedoch auch Kritik an der Hegelschen Philosophie, sofern in dieser auch mit der Möglichkeit gespielt wird, daß sich die Vernunft hinterrücks oder sogar gegen den ausdrücklichen Willen des Menschen durchsetzt. In dieser Konzeption sieht Horkheimer einen Widerspruch, der typisch für die bürgerliche Gesellschaft ist, insofern sie ihre eigenen Ansprüche auf Freiheit, Emanzipation und Gerechtigkeit nicht zu befriedigen vermag.

Es sind nicht zuletzt diese Widersprüche in der bürgerlichen Gesellschaft, die Horkheimer und die anderen »Frankfurter« zu einer sehr starken Orientierung an Marx führen. Geschichte erhält ihre Bedeutung als konkrete Form der Auseinandersetzung mit der Natur, der Reproduktion des Lebens und den Lebensbedingungen[11]. Diese Reproduktion bestimmt die Selbsterfahrung, die Erfahrung des Mitmenschen und der Natur — und damit das, was wir Geschichte nennen. Geschichte und Praxis sind unmittelbar aufeinander bezogen. Das zeigt nun aber auch, daß der Mensch, wenn er seine Geschichte selbst macht, natürlich nicht vollständig frei ist. Noch abgesehen von natürlichen Grenzen der Selbstreproduktion und der Reproduktion gesellschaftlicher Strukturen, existieren auch Entwicklungs- und Entscheidungsgrenzen, welche die Folge früherer historischer Entwicklungen sind. Als Beispiel kann Marx' Analyse des kapitalistischen Systems dienen, die ja besagt, daß der Kapitalismus zur Selbsterhaltung auf exponentielles Wachstum angewiesen ist. Gerade dieses Wachstum aber zerstört die Grundlagen des Systems. Es zeigt sich also, daß in der Geschichte Kräfte wirken, die zwar irgendwie durch den Menschen freigesetzt, aber nicht beherrscht werden.

Es ist allerdings zu bemerken, daß bei Marx diese Kräfte durch den Menschen selbst geschaffen werden, während die Vernunft bei Hegel ihren nicht-menschlichen Ursprung nicht verleugnen kann. Gerade im Hinblick auf die Deutung des Konkret-Unvernünftigen in der Geschichte ergibt sich somit zwischen Marx und Hegel eine bedeutende Differenz. Während Hegel das Konkret-Unvernünftige betrachtet als etwas, das sich im Zuge der Verwirklichung der Vernunft aufheben läßt, betrachtet Marx das Konkret-Unvernünftige als Hinweis auf die grundsätzliche Unvernunft des kapitalistischen Systems, das nur durch eine radikale Änderung der geschichtlichen Grundlage verschwinden kann. Hegel geht so weit, daß er eine wirklich existierende Harmonie als Normalfall auffaßt und Störungen marginalisiert; Marx dagegen mißtraut jeder Harmonie als falschem Schein und betrachtet Konflikte als adäquate Erscheinung der gesellschaftlichen Struktur. Ähnliche Überlegungen ergeben sich bei der Beurteilung der Differenz zwischen menschlicher Zielsetzung und den Resultaten menschlichen Handelns. Die Frage nach der Ausübung von Herrschaft stellt sich stets aufs neue unter der Perspektive der unbeabsichtigten Folgen menschlichen Handelns sowie angesichts der Schwierigkeit, zwischen falschem Schein und Wirklichkeit zu unterscheiden. Hier war Adorno erheblich skeptischer als Horkheimer.

Während Horkheimer diesen Fragen immer weiter nachgeht anhand des Zusammenhangs von Philosophie, Geschichte und Politik, wenden Adorno und Benjamin ihre Aufmerksamkeit mehr den ästhetischen Phänomenen zu, weil sie in ihnen den klarsten Ausdruck der bewußtseinsdeformierenden Kräfte unserer politischen, ökonomischen und gesellschaftlichen Organisation sehen. Wie stark Adorno auch in seiner Spätphase an Marx orientiert bleibt, zeigt sich bei allen Bedenken gegen die Marxsche

Theorie — die die Welt in eine Werkstatt verändern würde, wie Adorno einmal sagte — vor allem an der von Adorno und Marx gleichermaßen gedachten Einheit von Natur und Geschichte sowie in Adornos Festhalten an der Auffassung, daß das Tauschprinzip als Grundlage unserer Gesellschaftsorganisation destruktiv wirkt. Nicht nur in Adornos frühem Aufsatz *Die Idee der Naturgeschichte*, sondern auch im »Exkurs zu Hegel« in der *Negativen Dialektik* zeigt sich, wie nah Adorno der Marxschen Theorie geblieben ist.

Daß die Geschichte immer wieder anders verläuft als vernünftig intendiert ist, daß also Vernunft und Wirklichkeit nicht identisch sind, kommt nicht nur darin zum Ausdruck, daß Natur und Geschichte für uns zunächst vollständig getrennte Bereiche der Wirklichkeit sind, sondern auch in der Trennung des Individuums von der Gesellschaft und nicht weniger in der Tatsache, daß die Philosophie und die Wissenschaften mit begrifflichen Abstraktionen arbeiten, die sich der Wirklichkeit gegenüber quasi verselbständigen. Auch insofern spricht die Hegelsche Philosophie noch die verhüllte Wahrheit der bürgerlichen Gesellschaft aus, wenn sie den bürokratischen Staat Preußen etwas voreilig mit dem Idealstaat identifiziert. Das Auseinanderklaffen von Anspruch und Wirklichkeit ist in diesem Falle zu vordergründig greifbar, um über die wirkliche Nichtidentität hinwegzutäuschen. Hier zeigt sich, wie mächtig die Begriffsabstraktion in der politischen Realität wirksam ist. Adorno zitiert zustimmend Marx aus den *Grundrissen der politischen Ökonomie*: »Sosehr nun das Ganze dieser Bewegung als gesellschaftlicher Prozeß erscheint und sosehr die einzelnen Momente dieser Bewegung vom bewußten Willen und besonderen Zwecken der

Individuen ausgehen, sosehr erscheint die Totalität des Prozesses als ein objektiver Zusammenhang, der naturwüchsig entsteht; zwar aus dem Aufeinanderwirken der bewußten Individuen hervorgeht, aber weder in ihrem Bewußtsein liegt, noch als Ganzes unter sie subsumiert wird«[12].

Das dialektische Verhältnis von Wirklichkeit und Schein, von Identität und Nichtidentität, von Individuum und Kollektiv ist nicht bloß wirksam in der Geschichte, sondern auch in der Beziehung zwischen Mensch und Natur. Die Einheit der Natur mit der Geschichte ist negativ bestimmt, das heißt, gedacht als eine Einheit, die unter den herrschenden Bedingungen nicht nur nicht zu verwirklichen, sondern nicht einmal adäquat zu denken ist[13]. Das beinhaltet Adornos Aussage, daß der Gegensatz von Geschichte und Natur, wie wir ihn kennen, wahr und unwahr zugleich sei: wahr, weil er zum Ausdruck bringt, was wir aus der Natur gemacht haben, wie wir sie behandelt haben; unwahr, weil wir nicht einmal mehr sehen können, was Natur eigentlich ist.

4. Gesellschaft

Die Bedeutung der Geschichte für die aktuelle Analyse der Gesellschaft ist von Anfang an eines der Hauptanliegen Max Horkheimers. In seinen Aufsätzen *Egoismus und Freiheitsbewegung* (1936)[14] und *Materialismus und Moral* (1933)[15] analysiert Horkheimer die Entstehungsgeschichte der bürgerlichen Gesellschaft. Diese Aufsätze sind im Zusammenhang mit dem früheren Buch *Anfänge der bürgerlichen Geschichtsphilosophie* (1930) zu sehen. Die bürgerliche Gesellschaft nach dem Zweiten Weltkrieg ist später, wie auch der Faschismus, wichtiger Gegenstand der Horkheimerschen Gesellschaftsphilosophie[16].

Anders als Hegel und Marx sehen die »Frankfurter« keinen Sinn darin, zwischen Staat und Gesellschaft zu trennen. Die Differenz zwischen einer Gesellschaft als natürlicher Form des Zusammenlebens einerseits und dem Staat als Medium der Herrschaft andererseits entfällt dort, wo es gerade die unauflösbare Einheit von Staat und Gesellschaft ist, die die Unterdrückung des Individuums auf immer raffiniertere Weise betreibt, bei gleichzeitig wachsender Unmöglichkeit, diesen Unterdrückungszusammenhang ins Bewußtsein zu bringen. Unterdrückung ist Ziel und Mittel zugleich. Das macht es letzten Endes auch nahezu unmöglich, sich noch das Bild einer »guten Gesellschaft« vor Augen zu führen.

Im folgenden werden nun nacheinander behandelt:

1. Horkheimers Analyse der Entstehungsgeschichte der bürgerlichen Gesellschaft,

2. Horkheimers Analyse des faschistischen Staates,

3. Adornos und Horkheimers Gesellschaftskonzeption nach dem Zweiten Weltkrieg.

Die Entstehungsgeschichte der bürgerlichen Gesellschaft

In *Egoismus und Freiheitsbewegung* konfrontiert Horkheimer zwei anthropologische Auffassungen miteinander. Der einen Auffassung zufolge ist der Mensch seiner Natur nach schlecht. Diese Auffassung wird u.a. von Machiavelli vertreten. Der andern Auffassung zufolge ist der Mensch gut, wie Thomas Morus voraussetzt. Obwohl sich Horkheimer dessen bewußt ist, daß man sehr vorsichtig sein muß, wenn man den genannten Autoren Werturteile zuschreibt, läßt sich doch nicht verleugnen, daß sie auch dort, wo sie selber eine wertfreie anthropologische Analyse zu liefern meinten, in Wirklichkeit inhaltlich moralisch urteilten. Horkheimer weist nach, daß die unterschiedlichen anthropologischen Annahmen über die Natur des Menschen in Wirklichkeit von höchst unterschiedlichen politischen Auffassungen getragen werden. Die anthropologischen Bestimmungen werden vorausgeschickt, um nachträglich die politischen Konzepte zu rechtfertigen (schon das darf man als einen Hinweis darauf auffassen, daß diese anthropologischen Bestimmungen nicht wertfrei sein können). Wenn Machiavelli und Hobbes die Menschen im Grunde als Tiere bzw. Maschinen sehen, dann rechtfertigt das, den Staat vor allem im Hinblick auf seine disziplinierende Funktion darzustellen und zu legitimieren, wie andererseits das Betonen einer Veranlagung zum Guten jene politischen Konzepte unterstützt, die Politik vor allem als Verwirklichung der politischen Freiheit auffassen.

Beide Auffassungen sind Horkheimer suspekt. Sie verdammen beide den Egoismus und den Genuß. Hier wird bereits ein erster grundlegender Widerspruch in der bürgerlichen Gesellschaft sichtbar, weil die theoretische Verdammung des Egoismus im Widerspruch steht zu der Praxis der bürgerlichen Gesellschaft, wo, wie es Hobbes zum Ausdruck brachte, ein permanenter Krieg nach innen wie nach außen herrscht. Die bürgerliche Gesellschaft, so Horkheimer, macht deutlich, daß nur diejenigen, die ihrem Egoismus freien Lauf lassen, imstande sind, ihre Interessen gegen andere zu verteidigen. Das Konkurrenzprinzip und das Übergewicht des ökonomischen Sektors zeigen dies. Die Befriedigung sinnlicher Bedürfnisse wird ohnehin als triebhaft und animalisch verurteilt.

In einer ausführlichen Analyse der politischen Aktivitäten Cola de Rienzos (eines spätmittelalterlichen römischen Volkstribuns) zeigt Horkheimer, wie politische Führer sich immer schon gern als Asketen präsentierten. Die Unterdrückung der eigenen Bedürfnisbefriedigung scheint Voraussetzung dafür zu sein, daß sie sich als Kämpfer für die Freiheit darstellen konnten. In Übereinstimmung mit der psychoanalytischen Theorie meint Horkheimer, daß dieses Beispielgeben eine wichtige politische Funktion erfüllt, sofern es zur Gewissensbildung bei den Bürgern beiträgt. Das vorgespiegelte Freiheitsstreben indessen führt keineswegs zur politischen Freiheit, sondern zum resignierten Akzeptieren der gesellschaftlichen Wirklichkeit. Diese Situation bestimmt, wie Horkheimer sagt, das Wesen des bürgerlichen Führers. »Während seine Handlungen unmittelbar den Interessen besonderer Gruppen von Besitzenden entsprechen, klingt in seinem Auftreten und seinem Pathos überall das Elend der Massen durch«[17].

Das Nebeneinander von offiziell propagiertem Altruismus und praktiziertem Egoismus macht es möglich, daß fortwährend die Interessen von Teilgruppen gegen die Ansprüche des allgemeinen Interesses immunisiert werden. Die ständige Bedrohung dieser irrationalen Situation durch Aufklärungsaktivitäten erhöht die Bedeutung einer emotional eingefärbten Propaganda. Je bedrohlicher die Situation wird, um so notwendiger muß auf die übermenschlichen Qualitäten des Führers verwiesen werden. Dies findet seinen adäquaten Ausdruck in der übermäßigen Verwendung von Symbolen und den bekannten

Machtdemonstrationen. Wenn Prestige und militärische Nutzung Hand in Hand gehen, wie bei dem Ausbau der Autobahnen (während des Faschismus), ist das natürlich ein besonders günstiges Zusammentreffen.

Die Verbreitung des Christentums hat die hier skizzierten Phänomene erheblich verstärkt. Im Christentum werden die Anforderungen des Individuums an die Gesellschaft umgepolt zu moralischen und religiösen Anforderungen der Individuen an sich selbst. Der Mensch ist schlecht, weil er sündig ist. Nur der Kampf gegen die eigene Korruption, durch Unterdrückung der Triebe, kann den Einzelnen retten. So besteht eine gewisse Analogie zwischen dem politischen Führer, der den Egoismus der Individuen und Interessengruppen scheinbar generell ausrottet, seinem Appell an die Opferbereitschaft und dem Modell der Triebbeherrschung.

Das geeignetste Mittel, die Massen zu disziplinieren, moralische Anforderungen zu verinnerlichen und das Gefühl der Schicksalsverbundenheit mit anderen zustandezubringen, ist in den Augen Horkheimers das Reden auf Massenveranstaltungen. Für Horkheimer liegt hier eine Parallele zwischen dem Religiösen und dem Politischen auf der Hand. »Den entscheidenden Platz, den die Predigt im religiösen Leben einnimmt, verdankt sie der angedeuteten Funktion des Wortes in der neuen Gesellschaft überhaupt« [18].

Horkheimer weist auf den Einfluß hin, den Luther und Calvin als Massenführer gehabt haben. Er weist nach, daß am Anfang großer sozialer Revolutionen die Volksführer darauf hinarbeiten, den Unterschied zwischen den Interessen der Mächtigen und Reichen und denen der Massen zu verschleiern. Gleichwohl liegt in der religiösen Sphäre selbst auch die Wurzel des Widerstandes. »Die große geistige Leistung der Reformatoren liegt in der Durchbildung der Idee, daß das Heil der Menschen nicht von den sakramentalen Veranstaltungen einer Priesterkaste, sondern von dem seelischen Verhalten der einzelnen abhänge«[19].

Die dadurch ermöglichte Konfrontation des Individuums mit dem, was als allgemeines Interesse dargestellt wird, eröffnet die Möglichkeit, die bloß scheinbare Übereinstimmung zwischen individuellem und allgemeinem Interesse als falschen Schein bewußt zu machen. Die schnelle Entwicklung der ökonomischen Beziehungen, wie überhaupt das ökonomische Wachstum, führt zusammen mit der Kapitalkonzentration jedoch zu der Bildung einer Elite, welche ihre Aufgabe nicht zuletzt im Zügeln der Massen sieht.

Die Unterdrückung der ökonomischen Interessen der meisten Bürger führt zu einer entsprechenden qualitativen Abwertung ihrer geistigen Interessen, während die herrschende Ideologie diese doch im Bewußtsein immer noch als die wahren Werte ein schattenhaftes Dasein führen läßt. »Es gehört daher … zum Idealtyp des modernen Bürgers eine tiefe Verachtung und Gleichgültigkeit gegen den Geist, die sich freilich mehr in seinen Handlungen als in seinen Ansichten, mehr in seinen Instinkten als in seinem Bewußtsein durchsetzen, in welchem die umgekehrte Rangordnung zu herrschen pflegt«[20]. Die Beziehung der Bürger zu Künsten und Wissenschaften bleibt nur auf die künstlerische Leistung als solche bezogen, vom Inhalt der Aussage aber getrennt. Das impliziert die Unterdrückung der Möglichkeit, Genuß als solchen zu erfahren, und die Unterdrückung des eigenen Strebens nach einer befriedigenden Lebensform. Die Zerstörung von Kunstwerken, das Verbrennen von Büchern, besonders dann, wenn sie erotischer Art sind, ist eine Weise, in der sich dieser Zwang zur Zerstörung der eigenen Befriedigungsmöglichkeiten einen Ausweg sucht. Für Luther ist nicht nur die Erotik, sondern sogar die Vernunft selbst die Braut des Teufels, die oberste Hure des Teufels. Luther, so Horkheimer, hatte offenbar eine Ahnung der ursprünglichen Einheit von Genuß und Geist.

Die Hierarchie von Führer und Geführten kann nach Horkheimer zwar streckenweise eine gesellschaftlich progressive Funktion erfüllen, führt aber unweigerlich dazu, daß sich die Hierarchie Mittel schafft, sich selbst zu erhalten und sich auf immer mehr Gebiete sozialer Organisation zu erstrecken — vor allem natürlich dann, wenn bestimmte gesellschaftliche Gruppierungen ein starkes materielles Interesse an der Erhaltung der Hierarchie haben. Daß eine solche Verselbständigung der Hierarchie auch immer wieder zu Krisen führt, in denen Möglichkeiten der Abschaffung der Hierarchie gegeben sind, ist für Horkheimer kein Grund zum Optimismus. Zumindest im Verlauf der bürgerlichen Revolution ist klar geworden, daß das Bürgertum, das zunächst im Bündnis mit dem Proletariat die Macht eroberte, sich gegen das Proletariat wandte, als es die Chance sah, die Macht nur für sich zu ergreifen. Dem Proletariat wurde mit Worten und Waffen klargemacht, daß das Erreichte das Maximum sei, und daß es gut daran täte, auf der Basis des Erreichten sich kooperativ zu erweisen.

Die bürgerliche Revolution war eine Pseudorevolution, weil sie dazu geführt hat, daß die Befriedigung materieller Interessen, die sich die Reichen und Mächtigen in gesellschaftlicher Hinsicht als Verdienst zuschreiben, anderen als Egoismus ausgelegt wird. Das Rad der Unterdrückung von Menschen durch Menschen dreht sich erneut.

In der Abwertung der Bedürfnisbefriedigung von Menschen in unserer Gesellschaft sieht Horkheimer den Grund für die Abwertung des menschlichen Lebens überhaupt. Die Vorstellung des Menschlichen wird immer abstrakter. Die Möglichkeit, andere Individuen und sich als Produkt eigener Arbeit und im Zusammenhang mit eigener Bedürfnisbefriedigung zu sehen, wird immer geringer. Immer mehr sieht man in anderen und sich selbst das Produkt anonymer gesellschaftlicher Kräfte.

Es ist gerade diese Zerstörung des Glücks und des Genusses, die den Haß und den politischen Terror ermöglicht. Der politische Haß richtet sich am meisten gegen jene Bevölkerungsgruppen, mit denen man die zügellose Befriedigung von Bedürfnissen assoziiert: die Arbeitsscheuen, die Zigeuner etc.

Es geht dabei, so Horkheimer, nicht um ein hauptsächlich moralisches, sondern um ein gesellschaftlich-organisatorisches Problem. In seinem Aufsatz *Materialismus und Moral* vertritt Horkheimer die These, daß nur die Verwirklichung der gesellschaftlichen Gleichheit dazu führen kann, daß dieses Problem aus der Welt geschafft wird. »Mit der Idee der Gleichheit ist die Idee der Freiheit notwendig gesetzt«[21]. Die Verwirklichung dieser Idee ist die Aufgabe der materialistischen Wissenschaft. Diese wird getragen von der Einsicht, daß auch die Wissenschaftler, ob sie sich dessen bewußt sind oder nicht, in den gesellschaftlichen Prozeß involviert sind.

Der faschistische Staat

In jenen Aufsätzen, in denen Horkheimer und Adorno den Zusammenhang zwischen der liberalistischen Ökonomie und der Planökonomie im Faschismus untersuchen, zögern sie, eine systematisch begründete Trennung von Staat und Gesellschaft vorauszusetzen. Es sieht zunächst so aus, als ob sie in der raschen Entwicklung der westeuropäischen Ökonomie noch die Bedingung für eine progressive kulturelle und soziale Entwicklung sehen, so daß ökonomische Interessen mit politisch-emanzipatorischen zusammenfallen. Klar ist allerdings, daß im Faschismus keine Identität von ökonomischen und emanzipatorischen Interessen gegeben ist. Das liberalistische Element, das in der bürgerlichen Gesellschaft die freie Meinungsbildung garantiert, ist ausgeschaltet, und damit ist die Möglichkeit, daß von der Gesellschaft her Einfluß auf den Staat genommen wird, verschlossen. Die ökonomische Entwicklung, die sich dem gesellschaftlichen Geschehen gegenüber verselbständigt hat, führt notwendigerweise zu jener Verselbständigung des Staates in der Gestalt faschistischer Bürokratie, also zu einer Art Hobbes'schen Naturzustandes.

Ich habe bereits darauf hingewiesen, daß die Akzeptabilität des von Marx pointierten ökonomischen Primats strittig ist. Bei allen unterschiedlichen Auffassungen, die innerhalb der Kritischen Theorie bestehen, war man sich einig darüber, daß nur die Zusammenarbeit der staatlichen Instanzen mit dem Großkapital die Hitlerische Diktatur unangreifbar machte[22]. Aufgrund neuerer Untersuchungen muß gefolgert werden, daß es unklar ist, welche Position die Großindustrie in bezug auf die planwirtschaftlichen Vorstellungen der Faschisten innehatte. Auf eine höchst doppeldeutige Weise liegt der Liberalismus dem Faschismus zugrunde[23]. Der Liberalismus ist grundsätzlich zu schwach, die ihm inhärenten Vorstellungen von Freiheit, Gleichheit und Gerechtigkeit gegen Großkapital und politische Bürokratie durchzusetzen. »Der gleiche und gerechte Tausch hat sich selbst ad absurdum geführt, und die totalitäre Ordnung ist dies Absurdum«[24].

Das Machtvakuum, das der schwache Liberalismus hinterläßt, führt dazu, daß »die soziale Herrschaft, die mit ökonomischen Mitteln nicht zu halten war, ... mit direkt politischen Mitteln fortgesetzt« wird[25]. Die Vernichtung der Juden, die gerade in der liberalistischen Ordnung, also auf dem Markt, eine zentrale Rolle spielten, ist in den Augen Horkheimers dann auch keineswegs ein Zufall oder bloß psychologisch zu deuten. Die ökonomischen Faktoren vernachlässigt Horkheimer nicht. Er weist darauf hin, daß die Ausbeutung der arbeitenden Bevölkerung in einem gewissen Stadium der kapitalistischen Entwicklung nicht mehr dem Zufall der Marktverhältnisse überlassen werden kann, sondern von einem politischen Zentrum aus geplant werden muß. So trägt der Liberalismus den Kern seines eigenen Untergangs in sich. Die harte Wirklichkeit der ökonomischen Entwicklung zeigt sich, so Horkheimer, in ideologischer Hinsicht in dem Slogan »Freie Bahn den Tüchtigen«. Der siegreiche Faschismus kann diese Parole für sich in Anspruch nehmen: »Er hat den nationalen Konkurrenzkampf so glänzend bestanden, daß er ihn abschaffen kann«[26].

Die Gesellschaftskonzeption Adornos und Horkheimers nach dem Zweiten Weltkrieg

»Ich betrachte mich selbst als Kritischen Theoretiker, das heißt, daß ich sagen kann, was falsch ist, aber nicht definieren, was richtig ist« — schreibt Horkheimer im Jahre 1968[27]. Immer wieder erlegen sich Adorno und Horkheimer selbst Zurückhaltung auf, wenn es darum geht, konkrete utopische Vorschläge zur Verbesserung der gesellschaftlichen Bedingungen ins Spiel zu bringen. Kritische Theorie ist vor allem Kritik. Es ist natürlich nicht zuletzt ihre Erfahrung mit den negativen Folgen der Russischen Revolution wie auch mit den reformistischen und revisionistischen Aktivitäten und Vorstellungen der politischen Parteien und Gewerkschaften in Deutschland, die Adorno und Horkheimer zögern läßt, positive Vorstellungen zu entwickeln, zumal sie sich dessen bewußt sind, daß sie als Theoretiker kaum in der Lage sein würden, anzugeben, wie positive Vorstellungen in Praxis umzusetzen seien, und also letzten Endes keineswegs die Verantwortung für solche Vorschläge übernehmen könnten. Es ist einzusehen, daß Adorno und Horkheimer damit Marx nahebleiben.

Im Jahre 1942 schreibt Horkheimer: »Marx' Wissenschaft ist Kritik der bürgerlichen Ökonomie und kein Entwurf der sozialistischen«[28]. Aber auch theoretische Gründe sind dafür auszumachen, daß Adorno und Horkheimer keine Rezepte erteilen. Das Bewußtsein der Deformation unserer Vorstellungen, unserer Wahrnehmungen durch die totalitäre Politik und Ökonomie ermöglicht nur noch eine Beschreibung der bestehenden schlechten Situation »ex negativo«.

Drittens gibt es politische Gründe, nicht als Theoretiker in die politische Praxis einzugreifen. Die Selbstbestimmung der Bürger ist ein Prinzip, das von einer auch noch so hoch entwickelten Theorie aus nicht relativiert werden darf. »Wenn die Gesellschaft in Zukunft wirklich nicht mehr durch vermittelten oder unmittelbaren Zwang funktionieren, sondern aus Übereinkunft sich selbst bestimmen wird, so lassen die Ergebnisse der Übereinkunft sich nicht theoretisch vorwegnehmen«[29].

Kritik der gesellschaftlichen Verhältnisse bleibt aber unmißverständlich geboten. Horkheimer orientiert sich dabei weiterhin an der im Faschismus degenerierten Kultur, Adorno an der Funktion der Wissenschaften in unserer Gesellschaft als Instrument der Herrschaftsausübung. Bei beiden steht aber vor allem die Unterdrückung des Individuums im Zentrum ihrer Analysen. Die von Horkheimer als zunächst in ihrer Entwicklung positiv eingeschätzte liberalistische bürgerliche Gesellschaft, sofern sie nämlich dem Individuum die Chance einer persönlichen Entfaltung bot, und das nicht nur in ökonomischer Hinsicht, erweist sich aber schließlich doch als ein labiles Gebilde, das nur mittels einer Ideologie fortbestehen kann. Die fortwährend sich verschärfenden Widersprüche zwischen dem Stand der Produktionsmittel (Technik, Technologie, Maschinen und Ausbildungsniveau der Arbeiter) und dem Stand der Produktionsverhältnisse (global: Eigentumsverhältnisse) sind der Grund dafür, daß eine Ideologie erzeugt werden muß, welche die Interessengegensätze verschleiert und sich selbst in Gestalt des Konkurrenzdenkens als Grundlage gesellschaftlicher Organisation etabliert. Mit der Stabilisierung und Erweiterung des Konkurrenzprinzips als Grundlage allen gesellschaftlichen

Handelns und der dadurch induzierten Strategie, das eigene Interesse als möglichst allgemeines Interesse zu präsentieren, geht nicht nur die Ausbeutung von Menschen durch Menschen, sondern auch die Ausbeutung der Natur Hand in Hand. Sobald die Produktion von Gütern nicht mehr zur Befriedigung natürlicher Bedürfnisse, sondern zum Markt in bezug gesetzt wird, kommt das Tauschprinzip zur Herrschaft. Die Entwicklung des Individuums ist die liberalistische Maske, hinter der die Reduktion der Person auf den Tauschwert seiner Arbeitskraft sich versteckt.

Wie bereits erläutert, ist es für Horkheimer und Adorno kein Zufall, daß sich das ökonomische System in der bürgerlichen Gesellschaft sowohl quantitativ wie auch in seiner Herrschaftsstruktur historisch so entwickelt hat, wie wir es erleben. Sie sehen das ökonomische Denken und Handeln als einen Fall, in dem der Zug der Herrschaftsausübung, der dem Denken überhaupt inhärent ist, besonders stark zum Ausdruck kommt. Die Ausbeutung der Natur aus ökonomischen Interessen kann nicht getrennt werden von der Beherrschung unserer inneren Natur. Das Moment der Befreiung, das in der Beherrschung der äußeren Natur liegt, wandelt sich in einen neuen Zwang. Diese Dialektik von Beherrschung und Befreiung ist ein Grundzug der bürgerlichen Gesellschaft und Kultur. Befreiung aus Abhängigkeitsbeziehungen als ausschließliches Resultat unseres Denkens und Handelns ist nicht vorstellbar. Denken führt zur Befreiung und unausweichlich immer wieder zu einer darauf folgenden Knechtung. So bleibt schließlich noch die Vorstellung einer politischen und natürlichen Freiheit immer rückbezogen auf Unfreiheit, ja es kann sogar so sein, wie Horkheimer und Adorno für

43

unsere Zeit diagnostizieren, daß Freiheit nur noch in Termini der Unfreiheit vorgestellt werden kann.

In den Sozialwissenschaften meint Adorno diesen Zusammenhang aufweisen zu können anhand der Entwicklung der positivistischen Philosophie und Soziologie, wie sie von Comte initiiert wurde, und der gesellschaftlichen Wirklichkeit, wie sie unter dem Liberalismus Gestalt annahm. Die positivistische Philosophie betrachtet die gesellschaftliche Entwicklung unter der Voraussetzung einer wachsenden Rationalität, das heißt einer zunehmend zweckmäßigeren Organisation gesellschaftlicher Verhältnisse. Das impliziert, daß die Entwicklung in immer höherem Maße durch Experten gelenkt und daß unsere Kenntnis der gesellschaftlichen Entwicklung und der Kräfteverhältnisse perfektioniert werden muß.

Diese Perfektionierung wird ausschließlich in Termini der Erkenntnis von Ursachen und Folgen aufgefaßt. Die positivistische Philosophie beschreibt nach Adorno schon adäquat, was in der bürgerlichen Gesellschaft vor sich geht, sofern auch das ökonomische Denken sich hauptsächlich als Ursache-Folge-Denken versteht und den Anspruch darauf erhebt, gerade deshalb steuernd in ökonomische Prozesse eingreifen zu können. Die Theorie steht auch selbst in einem Ursache-Verhältnis zur Wirklichkeit. Adorno bezweifelt nun nicht nur, daß die Perfektionierung der Wissenschaft identisch sei mit der Perfektionierung der Gesellschaft, sondern daß überhaupt die Vorstellung der Perfektionierung im Sinne einer Erweiterung und erweiterten Anwendung des Ursache-Folge-Modells etwas mit einer wirklichen Verbesserung der gesellschaftlichen Verhältnisse und auch mit einem besseren wissenschaftlichen Verständnis zu tun habe. Es ist nicht nur so, daß die

Gesellschaft auf der bestehenden Grundlage nicht verbessert werden kann, weil ihr das Modell der Herrschaftsausübung zugrunde liegt. Auch die Wissenschaft, die auf dieser Grundlage perfektioniert wird, kann schließlich nichts anderes sein als Vollstreckungsgehilfe der Unterdrückung.

Die sogenannte Neutralität der Wissenschaft erweist sich als falscher Schein. Unter den herrschenden Bedingungen trägt die Wissenschaft immer dazu bei, die bestehenden Machtverhältnisse trotz der möglichen subjektiven Intentionen der Wissenschaftler zu festigen. Die Wissenschaft erlaubt nicht einmal mehr die zuverlässige Trennung von emanzipierenden und unterdrückenden Kräften. Die Wissenschaften haben nicht nur ihre praktische Bedeutsamkeit, das heißt ihre Möglichkeit, den Gang der Geschichte zu beeinflussen, verloren, sondern sind auch ihrer theoretischen Ansprüche, ihrer Wahrheitsansprüche verlustig gegangen. Diese Einsicht allerdings kann die Philosophie nur als Kritik gewinnen und vermitteln [30]. In Analogie dazu können auch die Sozialwissenschaften aufweisen, daß gesellschaftliches Handeln und die Theorie dieses Handelns, wie Psychologie und Soziologie, immer wieder im Hinblick auf eine Bestätigung der herrschenden Verhältnisse instrumentalisiert werden. Die Sozialwissenschaften können — anders und besser als die Philosophie — nachweisen, in welchem Maße und in welcher Hinsicht gesellschaftliche Ideologien wirksam sind — Adorno hat das in seinen sozialpsychologischen Untersuchungen demonstriert. Dabei zeigt sich, wie auch durch die Anwendung durchaus empirisch zu nennender Methoden die Voraussetzungen, Anwendungsbedingungen und Interpretationsrahmen der Ergebnisse durch die Kritik gesprengt werden. Es wird deutlich, daß die Anwendung logischer

Modelle auf eine widerspruchsvolle Wirklichkeit nicht mehr möglich ist.

Tatsache ist allerdings, daß sich der Schein der Einheitlichkeit in vielen Institutionen und namentlich in der Wissenschaft so gefestigt hat, daß er kaum noch als solcher zu erkennen ist. Was in der Wirklichkeit im Sinne gegensätzlicher Interessen aufeinander bezogen ist, existiert auf der Erkenntnisebene als bloßes Nebeneinander. So erscheint zum Beispiel der tatsächlich vorherrschende Interessengegensatz zwischen Individuum und Gesellschaft in der Wissenschaft als durchaus verträgliches Nebeneinander oder sogar als Ergänzungsverhältnis von Psychologie und Soziologie. Es sind gerade solche, als sinnvolle Arbeitsteilung erscheinende Denkschemata, die für Adorno in ihrer scheinbaren Einheit und Vollständigkeit auf der theoretischen Erklärungsebene ein Hinweis auf die harten Antagonismen in der Gesellschaft sind.

II. Chronologische Darstellung der Philosophie Max Horkheimers

Erst 1981 ist die erste größere Gesamtdarstellung des Werkes von Max Horkheimer veröffentlicht worden [31]. Bis dahin gab es an Einführungen nur die Bildmonographie von Gumnior und Ringguth und die inzwischen vergriffene Arbeit Skuhras. Die sehr anspruchsvollen Analysen Alfred Schmidts blieben leider weithin unberücksichtigt. Bei der folgenden chronologischen Darstellung orientiere ich mich an dessen Einteilung [32].

Entwicklungsphasen im Werke Horkheimers

1. 1914-1918. Protest gegen die gesellschaftlichen Verhältnisse aufgrund moralischer Überlegungen. Utopisches Verlangen nach einer besseren Welt. Starker Einfluß Schopenhauers (pessimistische Metaphysik).
2. 1919-1925. Student und wissenschaftlicher Assistent. Starker Einfluß von Cornelius, einem an Kant orientierten Philosophen, Anhänger von Avenarius und Mach. Horkheimers erste Skepsis gegenüber den Scheinproblemen der klassischen Metaphysik wird geweckt.
3. 1926-1930. Wachsendes Interesse für Kant und Hegel. Der Einfluß von Marx wird stärker.
4. 1930-1940. Horkheimer legt die Grundlagen für seine

materialistische Geschichtsphilosophie. Entwicklung eines interdisziplinären Interesses an den Sozialwissenschaften. Grundlegende Neuorientierung des Konzepts der Sozialphilosophie. Ablehnung jeder Form von abstraktem Idealismus. Kritik an der Marx-Interpretation von Korsch und Lukács und an Mannheims Wissenssoziologie. Horkheimer definiert Philosophie als die Theorie des historischen Verlaufs des heutigen Zeitalters[33].

5. 1940-1950. Soziologisch-philosophische Erforschung der Ursachen und Wirkungen von Vorurteilen und Ideologien. Verstärkter Einfluß der Psychoanalyse und erneut von Marx.

6. 1950-1959. Erneute Kritik des Bolschewismus und der Technik auf dem Hintergrund der Natur-Geschichte-Problematik.

ad 1. 1914-1918

Die ersten Reflexionen Horkheimers über die Diskrepanz zwischen gesellschaftlicher Wirklichkeit und offizieller Moral und besonders den moralischen Ansprüchen derjenigen, die aus dem herrschenden Unrecht ihre Vorteile ziehen, sind unter dem Titel *Aus der Pubertät* veröffentlicht worden. Wir stoßen auf eine radikale Kritik an der Gesellschaft, die jede moralische Regung in Wirklichkeit abtöte, verknüpft mit dem Zweifel daran, daß es überhaupt eine Möglichkeit gibt, die sozialen Probleme zu lösen, weil der Kern des Lebens Qual und Sterben sei[34].

In einem nicht veröffentlichten Brief an seinen Neffen lesen wir, nachdem Horkheimer die elende Situation einer Arbeiterin aus der Fabrik seines Vaters beschrieben hat: »Wer klagt über Leiden? Du und ich? Wir sind Menschen-

fresser, die sich darüber beklagen, daß das Fleisch der Ge-
schlachteten Bauchweh macht. Nein, nein, noch viel
schlimmer, Du genießest die Ruhe und den Besitz, für den
die draußen ersticken, verbluten, sich in Krämpfen win-
den und drinnen schlechte Schicksale erdulden, wie das
Katherina Krämers. Du schläfst in Betten, trägst Kleider,
deren Herstellung wir mit der Tyrannenpeitsche unseres
Geldes von Hungernden erzwingen, und Du weißt nicht,
wieviele Weiber bei der Herstellung des Stoffes für Deinen
Cut neben die Maschine gefallen sind. Andere verbrennen
lebendig bei Bewußtsein an giftigen Gasen, damit Deinem
Vater das Geld erhalten bleibe, mit dem Du Deine Thera-
pie bezahlst, und Du findest es entsetzlich, daß Du nicht
mehr als zwei Seiten Dostojewski lesen kannst. Wir sind
Ungeheuer, doch wir sind zu wenig gequält«[35].

Aus der Wahrnehmung des herrschenden Unrechts entsteht ein utopisches Verlangen, daß »der Mörder nicht
triumphieren möge über das unschuldige Opfer«[36]. Dieses
Verlangen ist zutiefst einer pessimistischen Metaphysik à
la Schopenhauer verwandt. Es bestimmt auch später
Horkheimers philosophische Grundgedanken. Er bleibt
nicht nur fasziniert durch das malum physicum, das physi-
sche Übel von Sterben und Leid; rückblickend, im Jahre
1968, sieht er, daß die Zielsetzungen einer besseren, ge-
rechteren Gesellschaft mit der Vorstellung einer Schuld
unlöslich verbunden sind und daß dieser Zusammenhang
ihn von Anfang an bestimmt hat[37].

ad 2. 1919-1925

Horkheimers Frankfurter Philosophieprofessor Hans Cornelius beeinflußt mit seiner Aufklärungsphilosophie, einer

auf Kant begründeten, aber vor allem durch Mach und Avenarius beeinflußten Kritik der metaphysischen Scheinprobleme, sehr stark Horkheimers Denken. Obwohl das durch Cornelius vertretene kritische Moment auch später für Horkheimer von größter Wichtigkeit bleibt, enttäuscht ihn Cornelius' Philosophie in inhaltlicher Hinsicht rasch. Er wendet sich mehr Husserl und Heidegger zu, promoviert aber dennoch in Frankfurt.

Im Jahre 1922 nimmt Horkheimer zwar nicht selbst an der durch Felix Weil organisierten ersten marxistischen Arbeitswoche teil (u. a. mit Lukács, Korsch, Wittfogel und Pollock), aber er schließt sich denen an, die eine Fortsetzung dieser Aktivität in einem mehr institutionalisierten Rahmen wünschen. Der Aachener Wirtschaftsprofessor Gerlach unterstützt dieses Vorhaben, und es kommt zur Gründung des Instituts für Sozialforschung[38].

Die Beschäftigung mit der Theorie von Marx und deren vermeintlicher Verwirklichung in der Sowjetunion bestimmt in hohem Maße die Anfangsaktivitäten des Instituts und verführt sogar Horkheimer zu einem gewissen Optimismus. Er schreibt einige Jahre später: »Wer von den Gebildeten vom Hauch der Anstrengung dort (in Rußland) nichts verspürt und sich leichtsinnig überhebt, ist ein armseliger Kamerad, dessen Gesellschaft keinen Gewinn bringt. Wer Augen für die sinnlose, keineswegs durch technische Ohnmacht zu erklärende Ungerechtigkeit der imperialistischen Welt besitzt, wird die Ereignisse in Rußland als den fortgesetzten schmerzlichen Versuch betrachten, diese furchtbare gesellschaftliche Ungerechtigkeit zu überwinden, oder er wird wenigstens klopfenden Herzens fragen, ob dieser Versuch noch andauert«[39].

In dieser Periode wird auch zum ersten Mal Horkheimers Interesse an der psychoanalytischen Theorie geweckt.

ad 3. 1926-1930

Horkheimer festigt seine Skepsis gegenüber der Metaphysik[40], kombiniert sie aber mit einem Angriff auf die positivistische Philosophie, die er von Cornelius' Ansatz her analysiert. Er wendet sich gleichermaßen gegen die Vorstellung einer überirdischen Wahrheit wie gegen eine Identifikation von Wahrheit mit Brauchbarkeit[41], wie sie im Pragmatismus vorliegt. Horkheimer behauptet, daß interesseloses Streben nach Wahrheit philosophischer Betrug sei[42]. Er hat die Metaphysik in Verdacht, nicht wirklich empört zu sein über die herrschende Ungerechtigkeit, nicht zu wirklichem Mitleid imstande zu sein[43]. Man kann offenbar Geist, Kosmos, Gott, Sein und Freiheit erforschen und gleichzeitig ein angenehmes Leben führen, ohne sich im geringsten um die gesellschaftlichen Verhältnisse zu kümmern. Trotz dieser Skepsis hält Horkheimer fest an der Vorstellung, daß es möglich sein muß, philosophisch aufzuzeigen, daß die Welt, wie sie als schlechte Welt existiert, ein falscher Schein ist, den man aufheben kann, daß also eine bessere und vernünftigere Welt geschaffen werden kann. Dabei spielen nach Horkheimers Auffassung die Wissenschaftler eine wichtige Rolle. Sie müssen mit Hilfe einer Analyse gesellschaftlicher Verhältnisse »konkret Vernünftigkeit in die Geschichte bringen«.

Horkheimer unterschätzt dabei keineswegs das Problem, daß die Intellektuellen eine große Distanz zu den bestehenden politischen Machtgruppierungen halten müssen. Die bestehenden politischen Kräfte haben sich jedoch in seinen Augen bereits kompromittiert. Den Sozialisten ist vorzuwerfen, daß sie die Einsicht in die Unmöglichkeit einer tatsächlichen Verbesserung der menschlichen Verhältnisse auf kapitalistischer Basis verloren haben [44], den Kommunisten, daß sie mit Hilfe von Befehlen und moralischen Pressionen eine dogmatische und indoktrinierende Politik betreiben [45]. Mit der erwähnten philosophischen Abstraktion und der schlechten politischen Praxis konfrontiert Horkheimer seine Vorstellung einer rational organisierten sozialistischen Gesellschaft, die ihre Existenz selbst regelt [46].

Die alte Aufklärungsidee, daß die Menschen aufgrund ihrer eigenen Einsicht und ihrer eigenen Verantwortung handeln, spielt dabei eine zentrale Rolle, und der Begriff Sozialismus ist noch eng verknüpft mit moralischen Forderungen [47].

ad 4. 1930-1940

Im Jahre 1930 wird Horkheimer zum Ordinarius für Sozialphilosophie an der Universität Frankfurt ernannt und bald darauf zum Direktor des Instituts für Sozialforschung gewählt. In dieser Periode schreibt er die *Anfänge der bürgerlichen Geschichtsphilosophie* und den Aufsatz *Hegel und das Problem der Metaphysik*. Die moralisch bestimmte Aufgabe einer Sozialphilosophie wird verknüpft mit der konkreten Interdisziplinarität von Philosophie und Sozialwissenschaften. Horkheimer spricht von einer »Diktatur der planvollen Arbeit über das Nebeneinander von philosophischer Konstruktion und Empirie in der Gesellschaftslehre« [48]. Beispiele dafür, wie Horkheimer diese Interdisziplinarität sich vorstellte und realisierte, sind etwa Erich

Fromms Untersuchung der politischen Auffassungen der deutschen Arbeiterklasse *Arbeiter und Angestellte am Vorabend des Dritten Reiches,* die Studie *Autorität und Familie* aus dem Jahre 1936 und die späteren, in den Vereinigten Staaten vorgelegten *Studies in Prejudice,* von denen die Schrift *The Authoritarian Personality,* an der Adorno und andere mitarbeiteten, wohl die berühmteste geworden ist.

Horkheimer hält fest an der »Erkenntnis des gesamtgesellschaftlichen Verlaufs« und setzt daher voraus, »daß unter der chaotischen Oberfläche der Ereignisse eine dem Begriff zugängliche Struktur der herrschenden Mächte zu erkennen sei«[49]. Dies ermögliche schließlich eine Änderung der gesellschaftlichen Verhältnisse.

Horkheimers Wertschätzung der Marxschen Theorie ist klar greifbar, sofern er als deren Leistung gleichfalls nicht die Produktion abstrakter Erkenntnis einer Totalität oder einer absoluten Wahrheit betrachtet, sondern die durch die Theorie zu bewirkende Änderung der Gesellschaft[50]. Noch im Jahre 1933 betrachtet es Horkheimer als die Aufgabe der Philosophie und nicht zuletzt auch der *Zeitschrift für Sozialforschung,* ein Wirkungsfaktor der Verbesserung der Wirklichkeit zu sein. Im Jahre 1937 ist diese Hoffnung erloschen. Die Kritische Theorie kann nur noch aus der deutschen Kultur retten, was zu retten ist, erhebt allerdings weiterhin den Anspruch darauf, zuverlässig analysieren zu können, was in sozialer Hinsicht vor sich geht und wie sich das politisch auswirkt. Die Analyse aktueller Ereignisse will Horkheimer dazu benutzen, die Kräfte, die den historischen Verlauf bestimmen, herauszuarbeiten und über diesen Umweg die aktuelle Situation deutlicher vor Augen zu bekommen. Nur so kann, nach Horkheimer,

noch so etwas wie Vernünftigkeit in die Geschichte gebracht werden, denn im Gegensatz zu Hegel meint Horkheimer, daß die Geschichte an und für sich nicht durch
Vernunft bestimmt ist[51]. Die Identifikation von Geschichte
und Vernunft ist in den Augen Horkheimers eine unzuläs-
sige Abstraktion. Gumnior und Ringguth weisen mit Recht
darauf hin, daß der Wahrheitsgehalt der Sozialphilosophie
wesentlich bestimmt wird durch die Antizipation einer
bereits heute zumindest im Ansatz zu verwirklichenden
gerechten und vernünftigen Gesellschaftsorganisation[52].

ad 5. 1940-1950

Während des Zweiten Weltkrieges tritt der Pessimismus in
der Philosophie Horkheimers, der bereits von Anfang an
deutlich greifbar war und nur vorübergehend von einem
gewissen Optimismus, wie wir zuletzt gesehen haben,
übertönt wurde, wieder in den Vordergrund.

Aus *Vernunft und Selbsterhaltung* (1942), aus *Eclipse of
Reason* (später übersetzt unter dem Titel *Zur Kritik der
instrumentellen Vernunft*) und aus der *Dialektik der
Aufklärung* spricht die Verzweiflung darüber, daß die
Menschen sich fast widerstandslos durch den Faschismus
betören lassen. Die Lösung dieses Rätsels bringt die Kritische Theorie wieder mehr in die Nähe der Psychoanalyse.
Aber auch die Vermutung, daß die Kritische Theorie
kaum je etwas dazu beitragen wird, daß die Massen sich
vom Faschismus abwenden, führt zu einer erneuten Bestimmung der Funktion der Theorie in der Gesellschaft.
Auch hier zeigt sich wieder, daß, wie Schmidt aufweist,
Horkheimer die Distanz der Theorie zu dem gesellschaftlichen Geschehen als eine notwendige Bedingung für ihren

Wahrheitsgehalt betrachtet, und wie gerade darin die Kritische Theorie sich auch als der legitime Erbe Marxens betrachtet[53]. »Philosophie ist ... die Anstrengung, der Suggestion zu widerstehen, die Entschlossenheit zur intellektuellen und wirklichen Freiheit«[54].

Gerade dann, wenn die Philosophie »das Schlechte, nicht das Gute zum Gegenstand ihrer Forschung hat«, wie es unter faschistischen Bedingungen nicht anders möglich ist, gilt, daß »das Element (der Theorie) die Freiheit (ist), ihr Thema die Unterdrückung. ... Es gibt nur einen Ausdruck für die Wahrheit: den Gedanken, der das Unrecht verneint«[55].

Das verbietet es allerdings, Philosophie als Propagandainstrument zu benutzen. Sie würde damit unweigerlich das Opfer jener Gewalt der Politik, die im Kern selbst nichts anderes als eine Politik der Gewalt ist, wie es Gumnior und Ringguth ausdrücken[56].

In dieser Periode entstehen die wichtigsten Aufsätze über den Faschismus, den autoritären Staat und die Massenkultur. Nicht zuletzt wird die wachsende Macht des bürokratischen Systems kritisiert, aber natürlich auch das Durchgreifen des Profitdenkens und also das Zusammengehen von Gewaltausübung und Zweckmäßigkeitsorganisation. Darin erblickt Horkheimer den Rückfall unserer Kultur in die Barbarei. Es ist möglich, wie Horkheimer und Adorno am Ende des vorletzten Aufsatzes der *Dialektik der Aufklärung* formulieren, daß es nur noch einen imaginären Zeugen dessen gibt, was die Kritische Theorie zu sagen hat.

»So ist das wichtigste Geschäft der Philosophie die Konstruktion der Wahrheit aus Fragmenten, aus den Spuren, die Begriffe in der Geschichte hinterlassen haben, und die auf eine alles umfassende Wahrheit verweisen, ohne sie preiszugeben«[57]. Die immer wieder erforderliche Neuordnung von Elementen kann und will keine definitive und positive Vorstellung des Guten geben. Philosophie bleibt negativ, bleibt Kritik, ohne jedoch das Negative ihrerseits wieder zu verselbständigen (zu ontologisieren). Das Negative ist bei Adorno und Horkheimer keine selbständige Kraft wie im metaphysischen Pessimismus. So wird die Möglichkeit offengehalten, daß doch noch irgendwann eine Verbesserung in der Geschichte sich vollzieht. Mit Hilfe der literarischen Figur des Chiasmus, die Horkheimer und besonders Adorno von Marx übernehmen, wird die reziproke Beziehung zwischen Geschichte und menschlicher Aktivität, die schließlich die Ohnmacht der Vernunft aufzeigt, zum Ausdruck gebracht[58]. Die Ausbeutung der Natur ist unaufhebbar verknüpft mit der Natur der Ausbeutung, die Verdinglichung des Begriffs mit dem Begriff der Verdinglichung, die Macht der Technologie mit der Technologie der Macht usw. Das Denken erschöpft sich in Tautologien und reproduziert nur noch den hermetischen Charakter der Wirklichkeit. Damit verliert die Philosophie viel von der ursprünglichen Kraft, die ihr als Philosophie der Aufklärung innewohnte. Philosophie erlebt den Rückfall in die Mythologie, oder sogar, wie in der Konfrontation mit dem Faschismus, in den Wahnsinn[59].

Kurz nach dem Ende des Zweiten Weltkrieges erhält Horkheimer erneut einen Ruf an die Universität Frankfurt. Im Jahre 1948 kehrt er nach Deutschland zurück, akzeptiert den Ruf auf den Lehrstuhl für Sozialphilosophie und bekommt auch die finanziellen Mittel, das Institut neu zu errichten.

ad 6. 1950-1969

Erneut wendet sich Horkheimer nach der Katastrophe des Zweiten Weltkrieges Schopenhauer und seinem metaphysischen Pessimismus zu. Daneben beschäftigt ihn vor allem wieder die Beziehung zwischen Philosophie und Sozialwissenschaften. Die diesbezüglichen Essays sind vor allem veröffentlicht in den beiden Bänden *Gesellschaft im Übergang* und *Sozialphilosophische Studien*. Sie enthalten die Fortsetzung der bereits in den Vereinigten Staaten angefangenen Forschungen über die sozialpsychologischen Ursachen für faschistische Dispositionen.

Immer wieder kehrt Horkheimer dabei zu methodologischen Fragen zurück. Anknüpfend an den früheren Argwohn gegen den Positivismus wendet er sich nun gegen die ausschließliche Verwendung von begriffsdichotomischen Schemata und der Statistik zur Beschreibung und Erklärung gesellschaftlicher Erfahrung und politischen Bewußtseins. Aus der Perspektive der Kritischen Theorie droht erneut die Gefahr, daß die untersuchten Menschen zu wissenschaftlichen Objekten reduziert werden. Der Titel eines Horkheimer-Interviews, »Verwaltete Welt«, zeigt an, daß das Bild des Menschen, nach dem offenen Faschismus, heute vielleicht noch immer eine Variante des Krypto-Faschistischen ist[60]. Noch immer wird der Mensch als unmündig betrachtet. Horkheimers erneutes Interesse für Schopenhauer muß auch in diesem Licht gesehen werden. Noch immer sind in Horkheimers Augen die Grundlagen der gesellschaftlichen Organisation den früheren ähnlich. Es ist nicht gelungen, die fundamentalen kapitalistischen Strukturen zu zerstören, die, sei es in der Gestalt der Marktökonomie, sei es in der Gestalt einer faschistischen Planwirtschaft oder einer bürokratischen Planwirtschaft östlicher Prägung, die Wiederkehr des Faschismus ermöglichen. Man kann feststellen, daß die Auffassungen des späten Horkheimer sowohl in bezug auf die Grundlagen der politischen Situation wie in bezug auf die Ohnmacht der Theorie in hohem Maße mit den früheren identisch geblieben sind.

Hin und wieder jedoch zeigt sich, daß Horkheimer nicht nur Pessimist ist. Er hält fest an der Möglichkeit, daß Theorie sichtbar macht, was die Idee der Wahrheit ist, auch in einer Welt, die so weit von der Wahrheit entfernt ist wie die unsere. Noch in der Einsicht in unsere Ohnmacht und Vergänglichkeit zeigt sich die Wahrheit. Horkheimers Wertschätzung der Schopenhauerschen Philosophie liegt darin begründet, daß diese die Ohnmacht des Individuums thematisiert. Wenn Schopenhauer diese Ohnmacht als eine natürliche betrachtet, dann kommt darin nach Horkheimer zum Ausdruck, daß sich die bürgerliche Gesellschaft so organisiert hat, daß sie als Ursache dieser Ohnmacht nicht in Erscheinung tritt. Die Kritische Theorie nimmt für sich in Anspruch, eben dieses noch nachweisen zu können. In welchem Maße sich das pessimistische Moment in der Philosophie des späten Horkheimer jedoch durchsetzt, ist anhand seiner geänderten Auffassung von der Beziehung zwischen Freiheit und Gerechtigkeit zu sehen. Während Horkheimer noch im Jahre 1962 an der von Kant postulierten Einheit von Freiheit und Gerechtigkeit festhält, meint er später: je mehr Gerechtigkeit, desto weniger Freiheit, je mehr Freiheit, desto weniger Gerechtigkeit. Wer die Gleichheit retten will, muß die Freiheit einschränken, und wenn man den Menschen die Freiheit lassen will, kann es keine Gleichheit geben.

Neben diesen Pessimismus tritt jedoch auch die Hoffnung auf das ganz Andere. Aus dem ganz Anderen heraus wird man retten, was hoffnungslos verloren scheint. In der Tatsache, daß die Kritische Theorie durch jüdische Religiosität beeinflußt worden ist, sehen viele Interpreten den Schlüssel für diesen Optimismus auf der Grundlage eines prinzipiellen Pessimismus. Horkheimer selbst reflektiert diesen Zusammenhang im Sinne einer dialektischen Bestimmung von Wahrheit und Erfüllung. Bestimmend bleibt auch in dieser späten Phase Marx' Einfluß. Die Kritik der politischen Ökonomie und auch die Weigerung Marxens, die Situation nach dem Kapitalismus in kapitalistischen Termini zu beschreiben, wie seine Auffassung, daß die Kritik zusammen mit der kritisierten Situation verschwindet, bleibt konstitutiv für die Kritische Theorie. Das Positive des ganz Anderen sieht Horkheimer in jener universalen Solidarität, die die Menschen — in der Konfrontation mit einer totalitären Politik wie mit dem Tod — untereinander und in sich selbst lebendig halten können.

Anhang

Anmerkungen

1 Dies ist ein zentrales Thema Horkheimers und Adornos; vgl. auch Horkheimers *Kritik der instrumentellen Vernunft*

2 Vgl. auch H. Ebeling (Hg.), Subjektivität und Selbsterhaltung, Frankfurt/M. 1976

3 Vgl. dazu das berühmte Herr/Knecht-Kapitel in Hegels *Phänomenologie des Geistes*

4 Vgl. die in der Bibliographie erwähnten Untersuchungen Dubiels, Söllners und Wilsons

5 Horkheimer/Adorno, Dialektik der Aufklärung, Frankfurt/M. 1971, S. 228

6 Vgl. A. Schmidt, Die Kritische Theorie als Geschichtsphilosophie, München 1976

7 Alle erwähnten Aufsätze sind in der *Zeitschrift für Sozialforschung* (ZfS) veröffentlicht worden; sie sind auch enthalten in: Horkheimer, Kritische Theorie, Frankfurt/M. 1968

8 Vgl. ZfS 1, S. 125

9 Vgl. ebenda, S. 125 f

10 Vgl. A. Schmidt, Die Kritische Theorie als Geschichtsphilosophie, a. a. O., S. 28

11 Vgl. Marx/Engels, Die deutsche Ideologie. In: MEW 3, S. 18 ff

12 Th. W. Adorno, Negative Dialektik, Frankfurt/M. 1966, S. 349

13 Vgl. ebenda, S. 351

14 In: ZfS 5, S. 161 ff

15 In: ZfS 2, S. 162 ff

16 Vgl. Horkheimer, Lehren aus dem Faschismus. In: Gesellschaft im Übergang, Frankfurt/M. 1972; vgl. dort auch: Autoritärer Staat, S. 13

17 Ders., Egoismus und Freiheitsbewegung. In: ZfS 5, S. 176

18 Ebenda, S. 191

19 Ebenda, S. 200

20 Ebenda, S. 201 f

21 Horkheimer, Materialismus und Moral. In: ZfS 2, S. 188

22 Vgl. Lehren aus dem Faschismus, a. a. O., S. 44

23 Vgl. Horkheimer, Die Juden und Europa. In: ZfS 8, S.115ff; vgl. auch: K. Hansen (Hg.), Frankfurter Schule und Liberalismus, Baden-Baden 1981; A. Söllner, Franz Neumann zur Einführung, Hannover 1982

24 Ebenda, S.116

25 Ebenda, S.121

26 Ebenda, S.132

27 Horkheimer, Zur Kritik der gegenwärtigen Gesellschaft. In: Gesellschaft im Übergang, a.a.O., S.150

28 Autoritärer Staat, a.a.O., S.25

29 Ebenda, S.31

30 Vgl. dazu die Einleitung in: A. Arato/E. Gebhardt (Hg.), The Essential Frankfurt School Reader, New York 1978, Part II

31 G.W. Küsters, Der Kritikbegriff der Kritischen Theorie Max Horkheimers, Frankfurt/M., New York 1980

32 Vgl. A. Schmidt, Die geistige Physiognomie Max Horkheimers. In: Horkheimer, Notizen 1950-1969. Dämmerung. Hg. von Alfred Schmidt, Frankfurt/M. 1974

33 Ders., Zur Idee der Kritischen Theorie, München 1974, S.16

34 Ders., Die geistige Physiognomie Max Horkheimers, a.a.O., S.20

35 Zit. nach: H. Gumnior/R. Ringguth, Max Horkheimer, Reinbek 1973, S.7

36 Horkheimer, Die Sehnsucht nach dem ganz Anderen, Hamburg 1970, S.11

37 Vgl. Kritische Theorie, a.a.O., Bd.1, S.XIII

38 Vgl. M. Jay, Dialektische Phantasie, Frankfurt/M. 1976; vgl. auch: V. Migdal, Die Frühgeschichte des Instituts für Sozialforschung, Frankfurt/M. 1981

39 Zit. nach: Gumnior/Ringguth, a.a.O., S.33

40 Vgl. Notizen 1950-1969, a.a.O., S.334

41 Vgl. Kritische Theorie, a.a.O., Bd.1, S.XXII

42 Vgl. Notizen 1950-1969, a.a.O., S.272f

43 Vgl. ebenda, S.352f

44 Vgl. ebenda, S.284

45 Vgl. ebenda, S.283

46 Vgl. ebenda, S.270

47 Vgl. Kritische Theorie, a.a.O., Bd.1, S.XXIII

48 Horkheimer, Die gegenwärtige Lage der Sozialphilosophie und die Aufgaben eines Instituts für Sozialforschung. In: Sozialphilosophische Studien, Frankfurt/M. 1972, S.42

49 Horkheimer, Vorwort zu: ZfS 1, S.I

50 Vgl. Materialismus und Moral, a.a.O., S.180: »Er (der Materialismus) versteht sich selbst als die theoretische Seite der Anstrengungen zur Abschafffung des vorhandenen Elends.«

51 Vgl. Horkheimer, Hegel und das Problem der Metaphysik, Frankfurt/M. 1971

52 Gumnior/Ringguth, a.a.O., S.50

53 Vgl. A. Schmidt, Die geistige Physiognomie Max Horkheimers, a.a.O., S.XXXVIIIff

54 Dialektik der Aufklärung, a.a.O., S.217

55 Ebenda, S.195

56 Gumnior/Ringguth, a.a.O., S.78

57 Horkheimer, Zur Kritik der instrumentellen Vernunft, Frankfurt/M. 1967, S.171

58 Vgl. Notizen 1950-1969, a.a.O., S.86; vgl. dazu: A. Rose, The Melancholy Science, London 1978

59 Vgl. Dialektik der Aufklärung, a.a.O., S.40 und 182

60 Vgl. W. Brede, Vorwort zu: Gesellschaft im Übergang, a.a.O.

René Görtzen

Kommentierte Auswahlbibliographie

Bei der chronologisch geordneten Primärliteratur beschränke ich
mich auf die wichtigsten Buchveröffentlichungen Horkheimers.
In die alphabetisch geordnete Sekundärliteratur werden hauptsächlich deutsch- und englischsprachige Bücher und Aufsätze mit
kurzen Resümees aufgenommen. Bei einigen Titeln habe ich die
vom Verfasser gegebene Zusammenfassung übernommen.

* * *

Eine von Gunzelin Schmid Noerr und mir erstellte Bibliographie
der Schriften von und über Horkheimer sowie der Übersetzungen
und Rezensionen seiner Werke erscheint 1987/1988 als Band 18
der Gesammelten Schriften Max Horkheimers im Fischer Verlag,
Frankfurt am Main.
Für seine Hilfe bei der Übersetzung möchte ich meinem Freund
Rolf Binner danken.

A. Schriften von Max Horkheimer

Zur Antinomie der teleologischen Urteilskraft. Maschinenschrift
1922, 78 S. (= Phil. Diss., Frankfurt/M.)

**Kants Kritik der Urteilskraft als Bindeglied zwischen theoreti-
scher und praktischer Philosophie.** Stuttgart: Kohlhammer 1925,
65 S. (= Phil. Habil.-Schrift, Frankfurt/M.)

Anfänge der bürgerlichen Geschichtsphilosophie. Stuttgart: Kohlhammer 1930, 117 S.

Dämmerung. Notizen in Deutschland. Unter d. Pseudonym Heinrich Regius. Zürich: Oprecht & Helbling 1934, 277 S.

Studien über Autorität und Familie. Hg. von Max Horkheimer. Paris: Alcan 1936, 947 S.
1.Abteilung, Theoretische Entwürfe über Autorität und Familie. Allgemeiner Teil: M. Horkheimer, S. 3 ff (auch in: Horkheimer, Kritische Theorie I); Sozialpsychologischer Teil: E. Fromm, S. 77 ff (auch in: Fromm, Gesamtausgabe I); Ideengeschichtlicher Teil: H. Marcuse, S. 136 ff (auch in: Marcuse, Ideen zu einer kritischen Theorie der Gesellschaft). − 2. Abteilung, Erhebungen. − 3. Abteilung, Einzelstudien (u. a. von K. A. Wittfogel, H. Marcuse, P. Honigsheim, H. Mayer).

Zeitschrift für Sozialforschung (1932-1941). Hg. von Max Horkheimer. Reprint als Buchausgabe in 9 Bänden, München: Kösel 1970; Taschenbuchausgabe 1980 bei dtv
Enthält folgende Aufsätze Horkheimers: Bemerkungen über Wissenschaft und Krise (Jg. 1); Geschichte und Psychologie (1); Materialismus und Metaphysik (2); Materialismus und Moral (2); Zum Problem der Voraussage in den Sozialwissenschaften (2); Zum Rationalismusstreit in der gegenwärtigen Philosophie (3); Zu Bergsons Metaphysik der Zeit (3); Bemerkungen zur philosophischen Anthropologie (4); Zum Problem der Wahrheit (4); Egoismus und Freiheitsbewegung (Zur Anthropologie des bürgerlichen Zeitalters) (5); Zu Theodor Haecker: Der Christ und die Geschichte (5); Der neueste Angriff auf die Metaphysik (6); Traditionelle und kritische Theorie (6); Philosophie und kritische Theorie (zus. mit H. Marcuse, 7); Montaigne und die Funktion der Skepsis (7); Die Philosophie der absoluten Konzentration (7); Die Juden und Europa (8); The Social Function of Philosophy (8), The Relation between Psychology and Sociology in the Work of Wilhelm Dilthey (8); Notes on Institute Activities (9); Research Project on Anti-Semitism (9); Art und Mass culture (9); The End of Reason (9).

Dialektik der Aufklärung. Philosophische Fragmente. Zus. mit Th. W. Adorno. Amsterdam: Querido 1947, 310 S. Urspr. 1944 in New York unter dem Titel „Philosophische Fragmente" als Mimeographie publiziert. Neuausgabe 1969, Frankfurt/M.: S. Fischer, 230 S.; 1971 als Fischer Taschenbuch 6144

Studies in Prejudice. Edited by Max Horkheimer and Samuel Flowerman, sponsored by the American Jewish Commitee. New York: Harper and Brothers 1949/50, 5 Bde.
Th. W. Adorno / E. Frenkel-Brunswick / D. J. Lewison / R. Nevitt Sanford: The Authoritarian Personality, dt.: Der autoritäre Charakter. Frankfurt/M.: Suhrkamp 1973; P. Massing: Rehearsal for Destruction; L. Löwenthal / N. Guterman: Prophets of Deceit; B. Bettelheim / M. Janowitz: Dynamics of Prejudice; N. W. Ackerman / M. Jahoda: Antisemitism and Emotional Disorder.

Survey of the Social Sciences in Western Germany. A Report on Recent Developments. Forword by Harry J. Krould. Washington: Library of Congress, Reference Department, European Affairs Division, 1952, X/225 S. (autogr.)

Sociologica II. Reden und Vorträge. Zus. mit Th. W. Adorno. Frankfurt/M.: Europäische Verlagsanstalt 1962, 242 S.
Enthält von Horkheimer: Soziologie und Philosophie (1959); Philosophie als Kulturkritik (1960); Ideologie und Handeln (1951); Verantwortung und Studium (1954); Über das Vorurteil (1961); Schopenhauer und die Gesellschaft (1955); Die Aktualität Schopenhauers (1960); Zum Begriff der Vernunft (1951).

Zur Kritik der instrumentellen Vernunft. Aus den Vorträgen und Aufzeichnungen seit Kriegsende. Hg. v. Alfred Schmidt. Frankfurt/M.: Fischer Athenäum 1967, 355 S.; 1985 als Fischer Taschenbuch 7355
Enthält neben dem Titelbeitrag eine Reihe kleinerer Arbeiten aus den Jahren 1949-1966.

Kritische Theorie. Eine Dokumentation. Hg. v. Alfred Schmidt. Frankfurt/M.: S. Fischer 1968, Bd. I: 380 S., Bd. II: 362 S.

Enthält mit einer Ausnahme (»Die Juden und Europa«) alle Aufsätze Horkheimers aus der Zeitschrift für Sozialforschung (s. dort) sowie seinen Beitrag zum Sammelband »Autorität und Familie«.

Die Sehnsucht nach dem ganz Anderen. Ein Interview mit Kommentar von Helmut Gumnior. Hamburg: Furche 1970, 90 S.

Vernunft und Selbsterhaltung. Frankfurt/M.: S. Fischer 1970, 57 S.

Verwaltete Welt. Gespräch zwischen Max Horkheimer und Otmar Hersche. Zürich: Die Arche 1970, 42 S.

Traditionelle und Kritische Theorie. Vier Aufsätze. Frankfurt/M.: Fischer Taschenbuch 1970, 231 S. (= 6015)
Enthält die Aufsätze: Vorwort zur Neupublikation (1968); Traditionelle und Kritische Theorie (1937); Nachtrag (1937); Materialismus und Metaphysik (1933); Egoismus und Freiheitsbewegung (1936); Autorität und Familie (1936).

Anfänge der bürgerlichen Geschichtsphilosophie. Hegel und das Problem der Metaphysik. Montaigne und die Funktion der Skepsis. Mit einer Einleitung von Alfred Schmidt. Frankfurt/M.: Fischer Taschenbuch 1971, 144 S. (= 6014)

Sozialphilosophische Studien. Aufsätze, Reden und Vorträge 1930-1972. Mit einem Anhang über Universität und Studium. Hg. v. Werner Brede. Frankfurt/M.: Fischer Athenäum 1972, 204 S.; 1981 als Fischer Taschenbuch 6540
Enthält die Beiträge: Ein neuer Ideologiebegriff? (1930); Die gegenwärtige Lage der Sozialphilosophie und die Aufgaben eines Instituts für Sozialforschung (1931); Zum Begriff der Vernunft (1951); Ideologie und Handeln (1951); Schopenhauer und die Gesellschaft (1955); Soziologie und Philosophie (1959); Philosophie als Kulturkritik (1960); Zum Begriff der Freiheit (1962); Macht und Gewissen (1962); Über den Zweifel (1969); Bemerkungen zur Liberalisierung der Religion (1970); Pessimismus heute (1971); Schopenhauers Denken im Verhältnis zu Wissenschaft und Religion

(1972). Anhang: Universität und Studium. Akademisches Studium (1952); Begriff der Bildung (1952); Fragen des Hochschulunterrichts (1952); Verantwortung und Studium (1954).

Gesellschaft im Übergang. Aufsätze, Reden und Vorträge 1942-1970. Hg. v. Werner Brede. Frankfurt/M.: Fischer Athenäum 1972, 176 S.; 1981 als Fischer Taschenbuch 6545
Enthält die Beiträge: Autoritärer Staat (1942); Lehren aus dem Faschismus (1950); Politik und Soziales (1950); Invarianz und Dynamik in der Lehre von der Gesellschaft (1951); Vorurteil und Charakter (zus. mit Th. W. Adorno, 1952); Der Mensch in der Wandlung seit der Jahrhundertwende (1960); Über das Vorurteil (1961); Der Bildungsauftrag der Gewerkschaften (1962); Gedanken zur politischen Erziehung (1963); Die Psychoanalyse aus der Sicht der Soziologie (1968); Zur Kritik der gegenwärtigen Gesellschaft (1968); Marx heute (1968); Kritische Theorie gestern und heute (1970).

Die gesellschaftliche Funktion der Philosophie. Ausgewählte Essays. Frankfurt/M.: Suhrkamp 1974, 299 S. (= Bibliothek Suhrkamp 391)
Enthält die Aufsätze: Egoismus und Freiheitsbewegung (1936); Der neueste Angriff auf die Metaphysik (1937); Traditionelle und kritische Theorie (1937); Nachtrag (1937); Montaigne und die Funktion der Skepsis (1938); Die gesellschaftliche Funktion der Philosophie (1940).

Aus der Pubertät. Novellen und Tagebuchblätter. München: Kösel 1974, 374 S.

Notizen 1950 bis 1969 und Dämmerung. Notizen in Deutschland. Hg. v. Werner Brede. Einleitung von Alfred Schmidt. Frankfurt/M.: S. Fischer 1974, 360 S.

Humanität und Religion. Briefwechsel und Gespräch mit Hugo Staudinger. Würzburg: Naumann 1974, 84 S.

Gesammelte Schriften (in achtzehn Bänden). Hg. v. Alfred Schmidt und Gunzelin Schmid Noerr. Frankfurt/M.: S. Fischer 1985 ff
Eine Übersicht über diese Ausgabe, die parallel auch im Taschenbuch erscheint, gibt der nachfolgende Editionsplan (erschienen sind bis Mitte 1987: Band 5, 1987, 404 S.; Band 7, 1985, 494 S.; Band 8, 1985, 477 S.; Band 9, 1987, 480 S.; Band 12, 1985, 605 S.)

Band 1: Aus der Pubertät. Novellen und Tagebuchblätter
Band 2: Philosophische Frühschriften 1922-1932
Band 3: Schriften 1931-1936
Band 4: Schriften 1936-1941
Band 5: ›Dialektik der Aufklärung‹ und Schriften 1940-1950
Band 6: ›Zur Kritik der instrumentellen Vernunft‹ und Notizen 1950-1969
Band 7: Vorträge und Aufzeichnungen 1949-1973
Band 8: Vorträge und Aufzeichnungen 1949-1973
Band 9: Nachgelassene Schriften 1914-1931
Band 10: Nachgelassene Schriften 1914-1931
Band 11: Nachgelassene Schriften 1914-1931
Band 12: Nachgelassene Schriften 1931-1949
Band 13: Vorlesungsnachschriften 1953-1961
Band 14: Nachgelassene Vorträge und Aufzeichnungen 1950-1970
Band 15: Briefe 1913-1939
Band 16: Briefe 1940-1949
Band 17: Briefe 1950-1973
Band 18: Bibliographie und Register

B. Schriften über Max Horkheimer

Abensour, Miguel: La théorie critique: une pensée de l'exil? In: Archives de Philosophie, 45. Jg. 1982, H. 2, S. 179-200
Der Verf. unterscheidet nicht zwei, sondern drei Perioden der Entwicklung der Kritischen Theorie: 1930 ff, 1939-1947 und 1947 ff. Die zweite Phase sieht er als eine der Radikalisierung und

der Wiederentdeckung der politischen Dimension. Er versucht u.a., das Verhältnis der Kritischen Theorie zum Marxismus, ihren politischen Gehalt und die Funktion der Philosophie im Emanzipationskampf zu bestimmen.

Adorno, Theodor W.: Offener Brief an Max Horkheimer. (Zum 70. Geburtstag). In: Die Zeit, vom 12. Februar 1965, Nr. 7, S. 32

Apel, Hartmut: Die Gesellschaftstheorie der Frankfurter Schule. Materialien zur Kritischen Theorie von Adorno, Horkheimer und Marcuse. Frankfurt/M. usw.: Diesterweg 1980, 80 S.
Einführung mit Textauszügen, Erläuterungen und Arbeitshinweisen.

Árnason, Jóhann Páll: Von Marcuse zu Marx. Prolegomena zu einer dialektischen Anthropologie. Neuwied und Berlin: Luchterhand 1971, 268 S.
Über H.: »Kritik der instrumentellen Vernunft«, S. 112-122; »Dialektik der Aufklärung«, S. 122-129.

Bayer, Oswald: Die Gegenwart der Güte Gottes. Zum Problem des Verhältnisses von Gottesfrage und Ethik. In: Neue Zeitschrift für systematische Theologie und Religionsphilosophie, 21. Bd. 1979, H. 3, S. 253-271
Der Verf. zeigt (S. 258-262), in welcher Weise das Erbe Kants bei H. wirksam ist, wobei jedoch mehr auf die Unterschiede als auf die Gemeinsamkeiten eingegangen wird.

Böhler, Dietrich: »Kritische Theorie« — kritisch reflektiert. In: Archiv für Rechts- und Sozialphilosophie, 56. Jg. 1970, H. 4, S. 511-525
H.s Kritik der »instrumentellen Vernunft« geht dem Verf. zufolge von der Gefahr der Verabsolutierung der technischen Vernunft und der ihr entsprechenden Entfremdung der Menschen im Hochkapitalismus aus. Seine »kritische Theorie« wolle den Verdrängungsmechanismus der menschlichen Natur im Hochkapitalismus analysieren, d.h. die »Bewegungsgesetze« ihrer Manipulation. Aufgrund ihrer materialistischen Einseitigkeit unterstelle die Kritische Theorie verschiedene unreflektierte Voraussetzungen:

1. Sie teile die erkenntnistheoretische Naivität der Logic of Science. 2. Sie verfehle die geschichtlich-gesellschaftliche Realität. 3. Sie verleite zu revolutionärem Dogmatismus.

Bonß, Wolfgang: Kritische Theorie als empirische Wissenschaft. Zur Methodologie »postkonventioneller« Sozialforschung. In: Soziale Welt, 34. Jg. 1983, H. 1, S. 57-89
Die kritische Theorie der Frankfurter Schule ist dem Verf. zufolge keine »empirieentlastete Sozialphilosophie«, sondern eine Wissenschaft, in der die empirische Analyse manchmal sogar als entscheidende Bedingung der Möglichkeit »kritischer« Gesellschaftstheorie galt. Diese empirischen Analysen verwiesen auf den (offen gebliebenen) Entwicklungsgang einer »postkonventionellen« Sozialforschung, die sich von der etablierten »empirical research« unterscheidet. Das wird herausgearbeitet anhand des Positivismusstreits, einer theoretischen Präzisierung des sozialwissenschaftlichen Empiriebegriffs, eines Rekurses auf die Geschichte der empirischen Sozialforschung und auf die Forschungspraxis der Kritischen Theorie (mit H. als zentraler Figur). Zudem wird eingegangen auf die Frage aktueller Möglichkeiten einer Reformulierung »kritischer Sozialforschung«.

Brantlinger, Patrick: The Dialectic of Enlightenment. In: ders., Bread & Circuses. Theories of Mass Culture as Social Decay. Ithaca, New York und London: Cornell University Press 1983, S. 222-248
Der Verf. geht ein auf H.s, Adornos, Marcuses und (weniger ausführlich) Benjamins Kultur- und Gesellschaftstheorie.

Bubner, Rüdiger: Was ist Kritische Theorie? In: Philosophische Rundschau, 16. Jg. 1969, H. 3-4, S. 213-249. Wiederveröffentl. in: Karl-Otto Apel u.a.: Hermeneutik und Ideologiekritik. Frankfurt/M.: Suhrkamp 1971, S. 160-209
Dieser Aufsatz behandelt H.s *Kritische Theorie* (1968) und Habermas' *Erkenntnis und Interesse* (1968). Versucht wird zu zeigen, daß beide Autoren von Marx' ökonomischer Geschichtstheorie zu Hegel zurückkehren, ohne dessen spekulativen Anspruch reiner Philosophie zu teilen. Damit gerate die Kritische Theorie auf den Standpunkt der »Junghegelianer« und ersetze Theorie

durch Reflexion des Subjekts. Auch Habermas' Versuch sprach-
philosophischer Fundierung im Begriff des Dialogs wird als unzu-
reichend dargestellt.

Connerton, Paul: The Tragedy of Enlightenment. An Essay on
the Frankfurt School. Cambridge etc.: Cambridge University
Press 1980, 162 S.
Über H.: »Horkheimer's Critical Theory«, S. 27-42; »The Dialectic
of Enlightenment«, S. 60-79.

**Dubiel, Helmut: Dialektische Wissenschaftskritik und interdis-
ziplinäre Sozialforschung.** Theorie- und Organisationsstruktur
des Frankfurter Instituts für Sozialforschung (1930 ff). In memo-
riam Max Horkheimer. In: Kölner Zeitschrift für Soziologie und
Sozialpsychologie, 26. Jg. 1974, H. 2, S. 237-266
These dieses inhaltsreichen Aufsatzes ist, daß es einen explizier-
baren Zusammenhang zwischen zentralen Elementen der Theorieentwicklung des interdisziplinär angelegten Instituts für Sozialforschung und der Organisationsstruktur der daran beteiligten
Wissenschaftler gegeben hat. Diese These wird belegt mit einer
empirisch-kognitiven Soziologie der wissenschaftlichen Kommu-
nikation. Auch zeigt Dubiel, daß die Differenzierung von »Forschung und Darstellung« als Merkmal auch organisatorisch prak-
tiziert wurde, wobei H. die Rolle »Darstellung« beanspruchte und
seine Mitarbeiter Inhaber der Rollen »Forschung« waren. Der
Aufsatz schließt mit einer Typologie von Versuchen, den Wissen-
schaftsbetrieb interdisziplinär zu reorganisieren.

**Dubiel, Helmut: Wissenschaftsorganisation und politische Er-
fahrung**. Studien zur frühen Kritischen Theorie. Frankfurt/M.:
Suhrkamp 1978, 233 S.
Im ersten Abschnitt analysiert Dubiel die konstitutive Bedeutung
des historisch-politischen Prozesses von 1930 bis 1945 für die
Entwicklung der Kritischen Theorie. Dabei zeigt er, wie der historische Erfahrungskontext (die Niederlage der Arbeiterbewegung,
der Sieg des Faschismus usw.) der wissenschaftlichen Arbeit des
Frankfurter Kreises erst die dynamischen Strukturen gegeben
hat, mit der sich selbst Details der Theorieentwicklung erklären
lassen. Im zweiten Abschnitt rekonstruiert Dubiel das For-

schungsprogramm einer interdisziplinären Sozialforschung, an dem das Institut für Sozialforschung in den frühen dreißiger Jahren gearbeitet hat.

Ferrarotti, Franco: The Struggle of Reason. Against Total Bureaucratization. In: Telos, No. 27, 1976 (Spring), S. 157-169
Bezieht sich besonders auf H.s Kritik der (instrumentellen) Vernunft. Wichtigster Einwand ist, daß es H., »one of Europe's last great 'private intellectuals'«, nicht gelungen sei, seinen theoretischen Rahmen mit empirischen Fakten zu verbinden. Der Verf. betont ferner, daß die heutige Krise keine technische, sondern eine Sinnkrise sei, die nur durch Veränderung der sozialen Lebenswelt aufgehoben werden könne.

Ferry, Luc und Alain Renaut: Max Horkheimer et l'Idéalisme allemand. In: Archives de Philosophie, 45. Jg. 1982, H. 2, S. 201-220
Die frühen Aufsätze H.s aus der Zeit des Instituts für Sozialforschung, die sich auf den deutschen Idealismus (Kant, Hegel und Schopenhauer) beziehen, seien — so die Schlußfolgerung der Verf. — bedeutsam nur im Lichte der damaligen kritischen Theorieentwicklung.

Fleischmann, Eugène: Fin de la sociologie dialectique? Essai d'appréciation de l'École de Francfort. In: Archives Européennes de Sociologie, 14. Jg. 1973, H. 2, S. 159-184
Einige zentrale Ideen von H., Adorno, Marcuse und Habermas werden untersucht in ihrer Beziehung zu Marx, Hegel und Freud.

Gethmann-Siefert, Annemarie: Die Vermittlung von Gottesfrage und Offenbarung im gesellschaftlichen Handeln. Zu den Versuchen von D. Sölle und M. Horkheimer. In: Zeitschrift für Katholische Theologie, Bd. 93, 1971, H. 3, S. 257-288
Die Verf. versucht zu zeigen, daß »die 'politische Theologie' nicht notwendig eine reine Immanenz Gottes behaupten muß, vielmehr eine ursprüngliche Erinnerung an das Problem von Immanenz und Transzendenz zu leisten vermag«. Behandelt werden (ab S. 269) Weltverhältnis des Menschen, Wahrheitserfahrung und Gottesbegriff bei H. Ferner: Vermittlung und Transzendenz des Daseins,

Wahrheitsbegründung, Tod als Aporie einer universalen Theorie der Vermittlung.

Geyer, Carl-Friedrich: Aporien des Metaphysik- und Geschichtsbegriffs der Kritischen Theorie. Darmstadt: Wissenschaftliche Buchgesellschaft 1980, 252 S.
Drei Thesen fassen dieses Buch zusammen (s. S. 193 ff): 1. Die Kritische Theorie H.s und Adornos distanziert sich in der Formulierung zentraler Thesen weniger als behauptet von den unterschiedlichen Formen traditioneller Theorie/Metaphysik (vor allem in der Variante des idealistischen Identitätsdenkens), die sie kritisiert. 2. Die Kritische Theorie löst sich nicht von den »metaphysischen Traditionen«, sondern marginalisiert sie lediglich. 3. Die Ausführungen H.s und Adornos können nicht als das letzte Wort in der Frage Traditionskritik/Traditionsbewahrung angesehen werden.

Geyer, Carl-Friedrich: Kritische Theorie. Max Horkheimer und Theodor W. Adorno. Freiburg/München: Alber 1982, 204 S.
Diese Gesamtdarstellung der Kritischen Theorie H.s und Adornos verfolgt drei Ziele: Sie macht die Hintergründe der philosophischen Optionen deutlich, die zum Entstehen der Kritischen Theorie geführt haben; in der Rekonstruktion der zentralen philosophischen und gesellschaftstheoretischen Positionen Adornos und H.s zeigt sie, weshalb die Kritische Theorie mit deren Werk zu identifizieren ist; sie versucht zu erklären, warum sich die Zielsetzungen und Fragestellungen der Kritischen Theorie unter veränderten Bedingungen nicht weiterführen ließen. Diskutiert werden der Theoriebegriff der Kritischen Theorie, ihre Wandlungen bis hin zu H.s und Adornos Spätphilosophie sowie die Frage, die sich die beiden am eindringlichsten stellten: das Problem der Zuordnung von Theorie und Praxis.

Gmünder, Ulrich: Kritische Theorie: Horkheimer, Adorno, Marcuse, Habermas. Stuttgart: Metzler 1985, 150 S.
Hier: »Das Programm der Sozialforschung und die Philosophie Max Horkheimers«, S. 16–47. Behandelt u. a. Grundthese, Motivation und Methode der (frühen) Kritischen Theorie, ihr Verhältnis

zur marxistischen Orthodoxie und H.s Kritik der instrumentellen Vernunft und seine Spätphilosophie.

Grossner, Claus: Anfang und Ende der Frankfurter Schule. (Theodor W. Adorno/Max Horkheimer). In: ders., Verfall der Philosophie. Politik deutscher Philosophen. Reinbek: Wegner 1971, S.106-122
Enthält biographische Notizen zu H. und Adorno sowie zu ihren gesellschaftskritischen Ideen. Der Verf. betont, daß das Ende der Frankfurter Schule (nach dem Tod Adornos) nicht identisch sein muß mit dem Ende einer kritischen Theorie der Gesellschaft, die die Praxis geplant verändert.

Gumnior, Helmut und Rudolf Ringguth: Max Horkheimer in Selbstzeugnissen und Bilddokumenten. Reinbek: Rowohlt 1973, 150 S.

Habermas, Jürgen: Max Horkheimer. Die Frankfurter Schule in New York. In: ders., Philosophisch-politische Profile. Frankfurt/M.: Suhrkamp 1981, 3. erw. Auflage, S.411-425
Behandelt die theoretischen Schwerpunkte der von H. herausgegebenen Zeitschrift für Sozialforschung (1932-1941), die nach dem Exil von H. u.a. zugrunde gegangen sei, weil es finanzielle Schwierigkeiten gab, die Nabelschnur zur wissenschaftlichen Kultur des Heimatlandes zerschnitten war, und vor allem, weil die »kritischen Theoretiker« noch zu orthodox an Marx festhielten.

Habermas, Jürgen: Theorie des kommunikativen Handelns. 2 Bde. Frankfurt/M.: Suhrkamp 1981.
Von Bd. 1: *Handlungsrationalität und gesellschaftliche Rationalisierung* befassen sich zwei Abschnitte (u.a.) mit H.: »Max Weber in der Tradition des westlichen Marxismus«, S.461-488, geht ein auf die Konvergenzen zwischen Webers Rationalisierungsthese und H.s Kritik der instrumentellen Vernunft; in »Die Kritik der instrumentellen Vernunft«, S.489-534, skizziert Habermas, wie H. und Adorno Webers Rationalisierungsthese in Anknüpfung an Lukács umformen.

Habermas, Jürgen: Die Verschlingung von Mythos und Aufklärung. Bemerkungen zur Dialektik der Aufklärung – nach einer erneuten Lektüre. In: Karl Heinz Bohrer (Hg.), Mythos und Moderne. Begriff und Bild einer Rekonstruktion. Frankfurt/M.: Suhrkamp 1983, S. 405-431. Wiederveröffentl. in: Habermas, Der philosophische Diskurs der Moderne. Zwölf Vorlesungen. Frankfurt/M.: Suhrkamp 1985, S. 130-157

Erklärt werden die beiden wichtigsten Thesen der *Dialektik der Aufklärung* (1947): 1. Die Vernunft selbst zerstört die Humanität, die sie ermöglicht hat (»Aufklärung schlägt in Mythologie zurück«); 2. Die Vernunft bleibt bis in die moderne Wissenschaft, die universalistischen Rechts- und Moralvorstellungen hinein dem Diktat der Zweckrationalität unterworfen. Bei der Frage nach den Motiven hinter diesen Thesen H.s und Adornos identifiziert Habermas zunächst den Platz, den die Marxsche Ideologiekritik im gesamten Prozeß der Aufklärung einnimmt, um dann einzugehen auf H.s und Adornos Verhältnis zu dieser Kritik sowie auf ihr Verhältnis zu Nietzsche, dem sie mehr verdanken »als nur die Strategie einer gegen sich selbst gerichteten Ideologiekritik«. Der Vergleich von H. und Adorno mit Nietzsche, so Habermas, belehrt nicht nur über die konträren Richtungen, in die beide Seiten ihre Kulturkritik vorantreiben, er weckt auch Zweifel an dem wiederholten Reflexivwerden der Aufklärung selber.

Heiseler, Johannes Henrich von, Robert Steigerwald und Josef Schleifstein (Hg.): Die ›Frankfurter Schule‹ im Lichte des Marxismus. Zur Kritik der Philosophie und Soziologie von Horkheimer, Adorno, Marcuse, Habermas. Frankfurt/M.: Marxistische Blätter 1970, 184 S.

Hier die orthodox-kommunistische Kritik an H. von András Gedö: »Dialektik der Negation oder Negation der Dialektik«, S. 7-25; Walter Jopke: »Grundlagen der Erkenntnis- und Gesellschaftstheorie Adornos und Horkheimers«, S. 48-69.

Held, David: Introduction to Critical Theory. Horkheimer to Habermas. London usw.: Hutchinson 1980, 511 S.

Hier u.a.: »The formation of the Institute of Social Research«, S. 29-39; »The changing structure of the family and the individual: critical theory and psychoanalysis«, S. 111-147; »Horkheimer's formulation of critical theory: epistemology and method«, S. 175-199.

Hesse, Heidrun: Vernunft und Selbstbehauptung. Kritische Theorie als Kritik der neuzeitlichen Rationalität. Frankfurt/M.: Fischer Taschenbuch 1984, 192 S.
Die Verf. versucht den Denkweg zu erhellen, den die Kritische Theorie verfolgt hat, indem sie ihren inneren Widersprüchen nachgeht, ohne ihr in die Resignation zu folgen. Dabei versucht sie besonders den vernunftkritischen Ansatz H.s aufzunehmen, ihn zu präzisieren und in die gegenwärtige Rationalitätsdiskussion (vor allem Habermas' kommunikative Rationalität) einzubringen, um deren Dilemma schärfer sichtbar zu machen.

Hubig, Christoph: Dialektik der Aufklärung und neuen Mythen. Eine Alternative zur These von Adorno und Horkheimer. In: H. Poser (Hg.), Philosophie und Mythos. Berlin, New York: de Gruyter 1979, S. 218-240

Hubig, Christoph: Instrumentelle Vernunft und Wertrationalität. Von der Unterscheidung Praxis — Poiesis zur falschen Alternative in der Gegenwart. In: Friedrich Rapp (Hg.), Naturverständnis und Naturbeherrschung. Philosophiegeschichtliche Entwicklung und gegenwärtiger Kontext. München: W. Fink 1981, S. 161-185
Ausgehend von einer Kritik an der bei H. fehlenden Abgrenzung zwischen Instrumentalität und Zweckrationalität wird instrumentelle Vernunft als Abhängigkeit von den Mitteln expliziert. Im Gegensatz zu Max Weber wird sodann Zweckrationalität nicht als Alternative zur Wertrationalität betrachtet, sondern ein funktionaler Wertbegriff entwickelt, der für die Zwecksetzung konstitutiv ist. Ein historischer Exkurs zum Praxisbegriff zeigt, daß die Webersche Unterscheidung in der Problemgeschichte bereits überholt war. Mittels dieses Wertbegriffes kann dann ein Utopiekonzept entworfen werden, das nicht mehr Gegenpol zum Pragmatismus ist, sondern dessen notwendige Ergänzung. Außerdem kann auf dieser Basis der Unterschied von Strukturkonservatismus als Erscheinungsform instrumenteller Vernunft und einem neuen Wertkonservatismus erläutert werden.

Jay, Martin: Dialektische Phantasie. Die Geschichte der Frank-
furter Schule und des Instituts für Sozialforschung 1923-1950.
Frankfurt/M.: S. Fischer 1976, 432 S; 1980 als Fischer Taschenbuch 6546
Erste umfassende Darstellung der Entstehungsgeschichte des Instituts für Sozialforschung und der Frankfurter Schule (bis 1950),
dazu Bemerkungen und Zitate aus Gesprächen mit Lazarsfeld,
Löwenthal, Pollock und anderen Vertretern der Frankfurter
Schule. Ausführlich setzt sich der Verf. auseinander mit der frühen
Freud-Rezeption (besonders von Fromm), der Autoritätsstudie
und der Faschismusanalyse, der Ästhetik-Theorie sowie der allgemeinen Entwicklung und Veränderung in ihrer Gesellschaftstheorie. Inzwischen liegen ausführliche, kritische Auseinandersetzungen mit Jays Studie vor, u. a. von Friedrich Eberle in: *Jahrbuch
Arbeiterbewegung,* Bd. 6, 1979, S. 323-332, und von Helmut
Dubiel in: *Kölner Zeitschrift für Soziologie und Sozialpsychologie,* 29. Jg. 1977, H. 2, S. 369-374.

**Jay, Martin: Max Horkheimer and the Retreat from Hegelian
Marxism.** In: ders., Marxism and Totality. The Adventures of a
Concept from Lukács to Habermas. Cambridge: Polity Press
1984, S. 196-219

**Kremer, Klaus: Kritische Theorie und Theologie in der Früh-
und Spätphilosophie Max Horkheimers (1895-1973).** In: Trierer
theologische Zeitschrift, 86. Jg. 1977, H. 3, S. 161-178 (I), und
H. 4, S. 241-261 (II)
Behandelt den sozialphilosophischen Entwurf des jungen (1930-
1941) und das philosophische Denken des späten H. (ab 1960).
Die Sehnsucht nach dem ganz Anderen, die dem Verf. zufolge bei
H. bis in den Anfang der vierziger Jahre zurückgreift, deute nicht
auf eine konservative Wende. Sogar in seiner marxistisch-atheisti-
schen Periode der dreißiger Jahre habe H. sich nicht primär gegen Metaphysik und Religion mit ihren Gottesgedanken, sondern
vor allem gegen Positivismus und Pragmatismus gewandt.

Kritik und Interpretation der Kritischen Theorie. Aufsätze über
Adorno, Horkheimer, Marcuse, Benjamin, Habermas. Giessen:
Achenbach 1975, 383 S.

Über H.: Ivo Frenzel, Zur Kritischen Theorie Max Horkheimers, S. 95-101; Rüdiger Bubner, Was ist Kritische Theorie?, S. 117-153

Küsters, Gerd-Walter: Der Kritikbegriff der Kritischen Theorie Max Horkheimers. Historisch-systematische Untersuchung zur Theoriegeschichte. Frankfurt/M., New York: Campus 1980, 296 S.
Die Intention des Verf. ist, den Charakter des Kritikbegriffs und darüber das Wesen der Kritischen Theorie H.s zu bestimmen. Außerdem versucht er mit dieser Untersuchung, zur Diskussion um das Problem der Kritik allgemein beizutragen.

Lienert, Franz: Theorie und Tradition. Zum Menschenbild im Werke Max Horkheimers. Bern, Frankfurt/M., Las Vegas: Lang 1977, 141 S.
Anhand der existentiellen Motive im Werk H.s wird gezeigt, daß seine Kritische Theorie auch in ihrem wissenschaftstheoretischen Ansatz von einem sehr persönlichen Erfahrungshintergrund bestimmt ist, der sein Bild vom Menschen geprägt hat.

Lübbe, Hermann: Instrumentelle Vernunft. Zur Kritik eines kritischen Begriffs. In: Perspektiven der Philosophie, Bd. 1, 1975, S. 111-139. Wiederveröffentl. in: ders., Fortschritt als Orientierungsproblem. Freiburg: Rombach 1975, S. 75-120.
Die theoretische Zweckmäßigkeit des Gebrauchs der Kategorie »instrumentelle Vernunft« wird in Zweifel gezogen, da diese für einige von H. beschriebene tatsächliche Handlungsvorgänge, z. B. die Freizeitgestaltung, keine Aufschlußkraft habe.

Maòr, Maimon: Max Horkheimer. Berlin: Colloquium 1981, 94 S. (= Köpfe des XX. Jahrhunderts, Bd. 95).

Marcuse, Herbert: Aufhebung der Gewalt. Max Horkheimer zum 70. Geburtstag. In: Süddeutsche Zeitung vom 13./14. Februar 1965, Nr. 38, S. 12

Mayer, Hans: Max Horkheimer. In: ders., Ein Deutscher auf Widerruf. Erinnerungen I. Frankfurt/M.: Suhrkamp 1982, S. 178-188
Persönliche Erinnerungen des Verf. an H. aus den dreißiger Jahren. Der »späte« H. habe nie verleugnet, was Kritische Theorie

bewirken sollte: »Dieser Horkheimer der letzten Lebensjahre befand sich im Einklang mit seinen Anfängen, mit der deutsch-jüdischen Symbiose, mit dem Vater«. S. auch vom Verf.: »Judenhass nach Auschwitz«, in: ders., *Außenseiter*. Frankfurt/M.: Suhrkamp 1975, S. 449-458.

Neuhaus, Gerd: Transzendentale Erfahrung als Geschichtsverlust? Der Vorwurf der Subjektlosigkeit an Rahners Begriff geschichtlicher Existenz und eine weiterführende Perspektive transzendentaler Theologie. Düsseldorf: Patmos 1982, 376 S.
Über H.: »Das Leidensgedächtnis als Maß geschichtlicher Weltverantwortung bei Horkheimer«, S. 233-277.

Ponsetto, Antonio: Max Horkheimer. Dalla distruzione del mito al mito della distruzione. Bologna: Il Mulino 1981, 383 S.
Enthält eine umfassende intellektuelle Biographie H.s und eine kritische Auseinandersetung mit seiner Sozialphilosophie.

Post, Werner: Kritische Theorie und metaphysischer Pessimismus. Zum Spätwerk Max Horkheimers. München: Kösel 1971, 156 S.
Apologetische Darstellung des Spätwerks H.s, wobei mehr die Diskontinuität als die Kontinuität gegenüber den frühen Aufsätzen hervorgehoben wird.

Post, Werner: Max Horkheimer: Die Widersprüche der bürgerlichen Gesellschaft. In: Josef Speck (Hg.), Grundprobleme der großen Philosophen. Philosophie der Gegenwart IV. Göttingen: Vandenhoeck & Ruprecht 1981, S. 106-146
Allgemeine Darstellung der Denkentwicklung H.s.

Postone, Moishe und Barbara Brick: Kritischer Pessimismus und die Grenzen des traditionellen Marxismus. In: Wolfgang Bonß und Axel Honneth (Hg.): Sozialforschung als Kritik. Zum sozialwissenschaftlichen Potential der Kritischen Theorie. Frankfurt/M.: Suhrkamp 1982, S. 179-239
Die pessimistische Wende der Kritischen Theorie H.s Anfang der vierziger Jahre wird nicht nur aus dem historischen Kontext — Ausbleiben der Revolution im Westen, Entwicklung des Stalinis-

mus, Sieg des Nationalsozialismus — erklärt, sondern darüber hinaus systematisch, in Bezug auf die gesellschaftstheoretischen Grundannahmen, unter denen diese Entwicklungen interpretiert wurden. In dem Artikel wird der theoretische Rahmen untersucht, in dem Pollocks Theorie des Staatskapitalismus und die Wende in H.s kritischer Gesellschaftstheorie stehen. Die Analyse der Aporien in beiden Ansätzen verweist auf die Grenzen einer traditionellen Marx-Rezeption. Sie eröffnet Möglichkeiten für die Entwicklung einer kritischen Theorie der modernen kapitalistischen Gesellschaft, die sich von Habermas' Rekonstruktion unterscheidet.

Przybylski, Hartmut: Das Problem der Religion in der Kritischen Theorie. Am Beispiel Max Horkheimers. In: Wolfram Fischer, Wolfgang Marhold u.a.: Plädoyers in Sachen Religion. Christliche Religion zwischen Bestreitung und Verteidigung. Gütersloh: Mohn 1973, S.173-191
In den Äußerungen des späten H. zum Thema Religion und Theologie handele es sich nicht um »quasi-religiöse Resignation« oder um »Beschwörung von Religion und Theologie« anstelle wahrhafter Kritik des Spätkapitalismus. Anhand einer Klärung der Stellung der Religion in der frühen und späten Sozialphilosophie H.s zeigt der Verf., daß solche Etikettierungsversuche unangemessen sind.

Raulet, Gerard: What Good is Schopenhauer? Remarks on Horkheimer's Pessimism. In: Telos, 1979-1980, Nr.42 (Winter), S.98-106
H. geht in seiner Kritik der Vernunft und in seiner Kritik des metaphysischen Optimismus auf Schopenhauer zurück. Dennoch sei H. kein reiner Pessimist, denn die Idee einer besseren Gesellschaft bleibe bei ihm negativ präsent. Der Verf. betrachtet den Pessimismus als einen Pol innerhalb der Kritischen Theorie, die einen theoretischen Pessimismus und einen praktischen Optimismus kennt.

Ries, Wiebrecht: Die Rettung des Hoffnungslosen. Zur ›theologia occulta‹ in der Spätphilosophie Horkheimers und Adornos. In: Zeitschrift für philosophische Forschung, 30. Jg. 1976, H.1, S.69-81

Das theologische Motiv im Denken Horkheimers sieht der Verf. vor allem durch zwei Elemente bestimmt. Das erste ergibt sich aus der Tradition einer negativen Theologie des Judentums, die im alttestamentarischen Bilderverbot fundiert ist. Die von der Kritischen Theorie intendierte Selbstreflexion der Vernunft ist das zweite. Der Verf. betont, daß es Horkheimer und auch Adorno in ihrem Versuch, noch einmal Philosophie vom »Licht der Erlösung« her zu denken, vor allem um die Möglichkeit von Philosophie überhaupt gehe.

Sánchez, Juan José: Wider die Logik der Geschichte. Religionskritik und die Frage nach Gott im Werk Max Horkheimers. Köln: Benziger 1980, 356 S.
In dieser Arbeit wird das gesamte Werk H.s im Hinblick auf die Stellung und Artikulation der Gottesfrage systematisch dargestellt und analysiert. Das Ergebnis dieser Studie widerspricht der weitverbreiteten These, derzufolge das Spätwerk H.s einen undialektischen Bruch, die Kapitulation seiner Kritischen Theorie und deren emanzipatorischer Intention vor der Theologie bedeute. Die Gottesfrage als Frage nach universaler Gerechtigkeit erscheine im Werk H.s von Anfang bis Ende als Bedingung der Möglichkeit der echten emanzipatorischen und humanen Praxis und werde nur im engen Zusammenhang mit dieser Praxis gestellt.

Scheible, Hartmut: Von der bestimmten zur abstrakten Negation. Max Horkheimer und die Antinomien der Kritischen Theorie. In: Neue Rundschau, 87. Jg. 1976, H. 1, S. 86-111
Handelt von der Entstehung der Kritischen Theorie aus dem Geist des Expressionismus, H.s metaphysischem Pessimismus, seinem »malum metaphysicum«, von der gesellschaftlichen Praxis, der Dialektik der theologischen Argumentation, dem Übergang vom Monopol- zum Staatskapitalismus und der Ontologie des Mangels. Wichtig sei, daß H.s Beschreibung der Freiheit als »Sprung aus dem Fortschritt heraus« einer theoretischen Präzisierung bedürfe, damit dieser Sprung kein Sprung in die Vergangenheit werde. Voraussetzung sei z.B. eine kritische Analyse der politisch-ökonomischen Verhältnisse.

Schmidt, Alfred: Zur Idee der Kritischen Theorie. Elemente der Philosophie Max Horkheimers. München: Hanser 1974, 143 S.
Die ersten beiden Essays konzentrieren sich auf die Einheit und Differenz des H.schen und des überkommenen analytischen Denkansatzes. Zwei weitere Essays enthalten orientierende Überlegungen zu H.s philosophischem Lebenswerk, wobei der Verf. feststellt, daß das Vermächtnis des Werks in der »Entschlossenheit zur intellektuellen und wirklichen Freiheit« besteht.

Schmidt, Alfred: Die Kritische Theorie als Geschichtsphilosophie. München, Wien: Hanser 1976, 112 S.
Behandelt den geschichtsphilosophischen Gehalt der Kritischen Theorie, wobei der Verf. sich besonders an frühen Essays orientiert, weil die Kritische Theorie sich hier in verbindlichster Form darstelle. In seinen kritischen Stellungnahmen weist er auf Gesichtspunkte hin, die bei H. zurücktreten, z.B. daß die Geschichte nicht nur als »Konstruktion«, als wissenschaftliches Objekt gelten kann. Ferner wird (u.a.) gezeigt, daß »die spezifische Geschichtserkenntnis des Marxschen *Kapitals* in der *Zeitschrift für Sozialforschung* nur unzulänglich behandelt wird«.

Schmidt, Alfred: Die geistige Physiognomie Max Horkheimers. In: ders., Drei Studien über Materialismus. Schopenhauer. Horkheimer. Glücksproblem. München, Wien: Hanser 1977, S.81-134

Schweppenhäuser, Hermann: Zum Begriff der instrumentellen Vernunft. In: Hans Radermacher (Hg.): Aktuelle Probleme der Subjektivität. Bern, Frankfurt/M.: Lang 1983, S.111-121
Im Stile Adornos erinnert der Verf. daran, daß H.s wichtiger Lehrbegriff der »instrumentellen Vernunft« nichts von seiner Gültigkeit und Aktualität verloren habe.

Siebert, Rudolf J.: Horkheimer's Critical Sociology of Religion: The Relative and the Transcendent. Washington D.C.: University Press of America 1979, 100 S.
Untersucht wird H.s dialektische Religionsphilosphie als ein integraler Teil seiner Geschichts- und Gesellschaftstheorie. Dabei zeigt der Verf., daß H.s Suche nach einem Sinn angesichts der

fortgeschrittenen Entfremdung der kapitalistischen Gesellschaft ihren Höhepunkt findet in seiner kritischen Philosophie und Soziologie der Religion. H. sei bis zu seinem Lebensende dem Aufklärungsdenken treugeblieben.

Skuhra, Anselm: Max Horkheimer. Eine Einführung in sein Denken. Stuttgart usw.: Kohlhammer 1974, 108 S.
Der Autor arbeitet in seiner Einführung in das Denken H.s dessen Beitrag zur Kritischen Theorie heraus; er verweist besonders auf Horkheimers systemsprengendes, am Individuum orientiertes Denken, seine Ideologie- und Wissenschaftskritik sowie auf seine Verwerfung der Psychoanalyse für Sozialpsychologie und Kulturkritik.

Söllner, Alfons: Geschichte und Herrschaft. Studien zur materialistischen Sozialwissenschaft 1929-1942. Frankfurt/M.: Suhrkamp 1979, 256 S.
Die sozialpsychologische und kulturtheoretische Arbeit des Instituts für Sozialforschung (H. Marcuse, Fromm) erweist sich, so der Verf., als fruchtbare Neuformulierung des Basis-Überbau-Theorems und schafft ein Instrument der Analyse der psychischen Bedingungen des Faschismus, des politischen Irrationalismus und der Umwandlung von Kultur in Propaganda. (Über H. bes. Kapitel 2).

Steigerwald, Robert: »Kritische Theorie«: Max Horkheimer. In: ders., Bürgerliche Philosophie und Revisionismus im imperialistischen Deutschland. Frankfurt/M.: Marxistische Blätter 1980, S. 209-225
Der Verf. behauptet, daß wir es bei H. »mit einer völligen Mißdeutung und Fälschung der wahren Auffassungen Marxens zu tun« haben. Kritisiert wird H.s »Verbindung« von Marx und Schopenhauer, seine These, daß das Objektive letztlich das Subjektive sei (also die Reduzierung des Materialismus auf das Subjekt), sein verborgener Positivismus (die Frankfurter Schule mache keinen Unterschied zwischen Naturwissenschaft und Gesellschaftswissenschaften) usw.

Sziborsky, Lucia: Agnostizismus — ein Konstituens der Kritischen Theorie Horkheimers und Adornos. In: Heinz Robert Schlette (Hg.), Der moderne Agnostizismus. Düsseldorf: Patmos 1979, S. 68-91
Der agnostizistische Zug der Kritischen Theorie H.s und Adornos sei in ihren frühen Schriften versteckt bzw. nicht vorhanden; er trete deutlich in der *Dialektik der Aufklärung* hervor und präge ihr ganzes Spätwerk. Besonders wird eingegangen auf das späte Denken H.s und Adornos, wobei ausführlich die verschiedene Akzentsetzung behandelt werde. So werde etwa H.s »Sehnsucht nach dem ganz Anderen«, in der der Mensch seine Endlichkeit transzendiert, von Adorno ausgedrückt in seinem Begriff der metaphysischen Erfahrung, die sich vor allem als ästhetische Erfahrung realisiert.

Tar, Zoltán: The Frankfurt School. The Critical Theories of Max Horkheimer and Theodor W. Adorno. New York, London usw.: Wiley 1977, 243 S.
Diese Studie konzentriert sich auf drei Themen: 1. die ursprünglichen Intentionen der Kritischen Theorie und deren Aktualisierung; 2. den Anspruch der Kritischen Theorie, die Marxsche Theorie fortzusetzen; 3. die Gültigkeit der Kritischen Theorie im Lichte der allgemein akzeptierten Standards der Sozialwissenschaften. Abschließend stellt der Verf. fest, daß die Kritische Theorie H.s und Adornos in diesen drei Bereichen ihre Ansprüche nicht eingelöst habe. Sie habe eine Kluft zwischen Theorie und Praxis hergestellt, ihre Methode genüge allgemein anerkannten wissenschaftliche Standards nicht, ihre Distanz zu Marx sei größer, als beide Denker behaupten. Seine Schlußfolgerung lautet, daß die Kritische Theorie »another existential philosophy« ist wie auch »the document of the desintegration of old Central European bourgeois society and the tragic fate of a group of intellectuals of that society«.

Vogt, Rolf: Der Mythos. Versuch einer begrifflichen Annäherung. In: Psyche, 39. Jg. 1985, H.9, S. 769-799
Hier: »Horkheimers und Adornos Theorie des Mythos«, S. 775-780. Enthält Vergleiche der kulturtheoretischen Konzeptionen des Mythos bei Nietzsche, H. und Adorno, Kolakowski und Blu-

menberg einerseits und der Freudschen Theorie des Mythos andererseits.

Westarp, Michael-Viktor: »Kritische Theorie« in der Sackgasse.
Weg und Werk von Max Horkheimer. In: Merkur, 24. Jg. 1970,
H. 5, S. 477-484
Gefragt wird, was von der Kritischen Theorie bleibt nach der
»konservativen Wende« H.s und nach seiner Erklärung, daß das
Wachhalten von Sehnsucht nach dem nicht darstellbaren »ganz
Anderen« die wichtigste Aufgabe der Kritischen Theorie sei. In
diesem Rahmen folgt (u. a.) eine Kurzdarstellung von H.s Moral-
und Faschismuskritik. Bleibendes Verdienst der Kritischen Theorie sei die Enthüllung der Widersprüche der vom Positivismus be-
wirkten Neutralisierung politischer und moralischer Probleme.
»Jetzt aber steht sie stärker als je in der Gefahr, das Schicksal des
einst ebenfalls nur von einer dünnen Intellektuellenschicht getragenen klassischen deutschen Idealismus zu teilen: nämlich den
Protest gegen Verhältnisse, die ihrer Abschaffung harren, zu anti-
zipieren, aber den wirksamen Adressaten zu verfehlen«.

Wiggershaus, Rolf: Die Geschichte der Frankfurter Schule. In:
Neue Rundschau, 89. Jg. 1978, H. 4, S. 571-587
Historische Darstellung der Grünberg-, Horkheimer- und Ador-
no-Ära der Frankfurter Schule. Es wird eingegangen auf den von
Filbinger und Dregger behaupteten Zusammenhang der Frankfurter Schule mit dem Terrorismus. Schluß des Verf.: »Wer sie (die
K. T.) in kausalen Zusammenhang mit dem Terrorismus bringt,
verrät das beste Erbe bürgerlicher Emanzipationsbestrebungen
und will hinaus auf Denk- und Demokratieverbot«.

**Wiggershaus, Rolf: Max Horkheimer (1895-1973) — Theodor
W. Adorno (1903-1969).** In: Otfried Höffe (Hg.), Klassiker der
Philosophie. Zweiter Band: Von Immanuel Kant bis Jean-Paul
Sartre. München: Beck 1981, S. 409-432
Über H.s Lebensweg (S. 409-413), seine Entwicklung der kriti-
schen Theorie der Gesellschaft (S. 418-423) und seine Bedeutung
und Wirkungsgeschichte (S. 428-432).

Wiggershaus, Rolf: Die Frankfurter Schule. Geschichte — Theoretische Entwicklung — Politische Bedeutung. München/Wien: Hanser 1986, 795 S.

Diese Geschichte der Frankfurter Schule umfaßt den Zeitraum von der Gründungsphase in den frühen zwanziger Jahren bis heute; sie bezieht auch Jürgen Habermas noch ein, der nach dem Tod Adornos und H.s deren Kritische Theorie stark modifizierend fortführt. Ebenso werden Institutsmitglieder wie Franz L. Neumann, Otto Kirchheimer oder Karl A. Wittfogel, die weniger im Vordergrund standen, in ihrer Bedeutung für die Theorieentwicklung des Instituts gewürdigt.

Dreizehn Jahre nach dem Erscheinen von Jays berühmter Untersuchung zur Kritischen Theorie übertrifft Wiggershaus diese an Materialreichtum und Genauigkeit (letzteres nicht unbedingt immer dort, wo er interpretiert). Ihm standen zusätzliche Quellen offen, so Teile der Nachlässe von Adorno und H., die auch deren Briefwechsel enthalten. Seine Darstellung der Interna, der Beziehungen zwischen den Mitarbeitern des Instituts für Sozialforschung und der theoretischen wie auch der persönlichen Auseinandersetzungen ergänzt die vorhandene Literatur um bisher kaum bekannte Einzelheiten. Das Institut erweist sich in seinem Innenleben als weit weniger geschlossen als man gemeinhin annimmt.

Wilson, Michael: Das Institut für Sozialforschung und seine Faschismusanalysen. Frankfurt/M., New York: Campus 1982, 221 S.

Der Verf. rekonstruiert die Haltungen der Mitarbeiter und Mitglieder des Instituts gegenüber dem Nationalsozialismus, ihre philosophische, ökonomische und psychologische Darstellung des Nationalsozialismus wie auch die Aufgabe und Form der Sozialforschung, die sich im Institut aus den fachwissenschaftlichen Vorstellungen bildete und die Entwicklung der Kritischen Theorie bestimmte. Ferner zeigt der Verf., daß es im Institut unterschiedliche Interpretationen des Nationalsozialismus sowie Differenzen in der Analyse des Faschismus gab.

Zeittafel

1895   Max Horkheimer wird am 14. Februar in Stuttgart-
        Zuffenhausen geboren
1911-14 H. verläßt das Gymnasium und fängt eine Handels-
        lehre an. Freundschaft mit Pollock, dem späteren
        Autor von *Die planwirtschaftlichen Versuche in der
        Sowjet-Union* (1929); mit ihm zusammen liest er
        Ibsen, Tolstoi, Strindberg und Zola. Beide gehen als
        Praktikanten nach Brüssel, dort lesen sie Spinozas
        Ethik, Kants *Kritik der reinen Vernunft* und
        Schopenhauers *Aphorismen zur Lebensweisheit*. Rück-
        kehr nach Stuttgart
1916   Militärdienst. Bekanntschaft mit Rose Riekher, seiner
        späteren Frau
1918   Horkheimer liest Marx. Interesse für die November-
        revolution und die Münchner Räterepublik
1919   Abitur in München. Beginn des Universitätsstudiums
        in München, fortgesetzt in Freiburg/Br. und in Frank-
        furt/M. H. studiert Psychologie bei Schuhmann und
        Gelb (Gestaltpsychologie) und Philosophie bei Corne-
        lius, außerdem Nationalökonomie. Bekanntschaft mit
        Husserl und Heidegger (s. Gumnior/Ringguth, *Max
        Horkheimer*, S. 23 ff)
1921-22 H. schreibt eine Dissertation *Gestaltveränderung in
        der farbenblinden Zone des blinden Flecks im Auge*
        bei Schuhmann. Er zieht die Dissertation zurück, weil
        eine ähnliche Arbeit in Kopenhagen erscheint
1922   Promotion in Frankfurt/M. bei Cornelius: *Zur Antino-
        mie der teleologischen Urteilskraft*. Bis 1925 ist H.
        wissenschaftlicher Assistent bei Cornelius (zu dessen
        Leben und Werk: Hans Cornelius Leben und Lehre,
        in: R. Schmidt (Hg.), *Die Philosophie der Gegenwart
        in Selbstdarstellungen*. Leipzig 1923, Bd. 2). Freund-
        schaft mit Felix Weil und Theodor W. Adorno

1925	Habilitation mit *Kants Kritik der Urteilskraft als Bindeglied zwischen theoretischer und praktischer Philosophie*. Antrittsvorlesung am 2. Mai (über die ersten Vorlesungen Horkheimers berichten M. Lorei / R. Kirn, *Frankfurt und die goldenen zwanziger Jahre*. Frankfurt/M. 1966)
1926	H. wird Privatdozent in Frankfurt/M.; er heiratet R. Riekher
1930	Ernennung zum Ordinarius für Sozialphilosophie. Am 24. Januar hält er seine Antrittsvorlesung
1931	H. wird Direktor des Instituts für Sozialforschung, Antrittsvorlesung am 24. Januar
1933	Flucht in die Schweiz. Am 13. April Amtsenthebung durch die Nazis
1934	Exil in den USA. H. arbeitet an der Columbia University in New York
1937	Kurze Rückkehr nach Europa. H. begegnet Benjamin
1940	Übersiedlung nach Kalifornien
1949	Rückkehr nach Deutschland. Erneut zum Ordinarius ernannt in Frankfurt am Main
1950	Wiedereröffnung des Institus für Sozialforschung
1959	Emeritat. Umzug nach Montagnola bei Lugano
1969	Rose Riekher stirbt
1973	Am 7. Juli stirbt Horkheimer in Nürnberg

Willem van Reijen, geb. 1938, studierte Philosophie, Pädagogik und Germanistik in Löwen (Belgien) und Freiburg/Breisgau. Promotion 1967, Habilitation 1975. Gegenwärtig Dozent am Philosophischen Institut der Rijksuniversiteit Utrecht.

Köpfe, die denken,
sollten auch verstanden werden!

Die Reihe *Einführungen* wendet sich an Leser, die sich in politischen, sozialwissenschaftlichen und philosophischen Wissensgebieten orientieren wollen. Wer sich weder mit akademisch steriler noch mit oberflächlich popularisierender Einführungsliteratur anfreunden mag und engagiert schreibende Autoren sucht, wird in dieser Reihe neben Verständnishilfen auch Anregungen finden, wie er sie zum Selbstdenken braucht.

Als die Reihe 1977 mit dem Band über Ernst Bloch eröffnet wurde, stand sie noch im Zeichen der Studentenbewegung und der Kritischen Theorie. Im Laufe der Jahre hat sich die Aufgabenstellung der *Einführungen* wesentlich erweitert: Sie stellen Theoretiker vor, die im Gespräch sind oder wert sind, neu entdeckt zu werden, soweit sie zur Analyse der Gesellschaft und zur Überwindung bestehender Denkhemmungen beitragen. Die Bände finden Verwendung in Seminaren wie in politischen Diskussionen, bei fachfremden »Laien« wie bei versierten Kennern.

Da kurze Überblicke sich meist als wertlos erweisen, wird in den *Einführungen* von vornherein ein Schwerpunkt gesetzt, der wesentlich für das Verständnis des Werkes und für sich allein schon genügend interessant ist, zugleich aber einen Schritt hin zu weiterführender Lektüre ermöglicht. Die Bände enthalten außer-

dem Angaben zu Leben und Werk und sind
z. T. mit Fotografien ausgestattet. Die Schwerpunkte liegen so, wie das jeweilige Thema es
nahelegt — in der Erörterung von wichtigen Be-
standteilen des Werkes (bei Bloch, Adorno,
Kant u. a.), oder in stärker an Typus und Person
orientierten Darstellungen (bei Franz Neumann, Manès Sperber, Rosa Luxemburg u. a.).

Bisher sind erschienen:
Alfred Adler von Detlef Horster · **Adorno** von
Willem van Reijen · **Althusser** von Klaus
Thieme · **Bakunin** von Wim van Dooren ·
Benjamin von Burghart Schmidt · **Bloch** von
Detlef Horster · **Brecht** von Helmut Fahren-
bach · **Freud** von Hans-Martin Lohmann ·
Habermas von Detlef Horster · **Horkheimer**
von Willem van Reijen · **Kant** von Detlef
Horster · **Alexandra Kollontai** von Gabriele
Raether · **Karl Liebknecht** von Ossip K.
Flechtheim · **Rosa Luxemburg** von Ossip K.
Flechtheim · **Montaigne** von Peter Burke ·
Franz Neumann von Alfons Söllner · **Nietz-
sche** von Wiebrecht Ries · **Wilhelm Reich** von
Martin Konitzer · **Otto Rühle** von Henry Jaco-
by/Ingrid Herbst · **Sartre** von Martin Suhr ·
Sohn-Rethel von Steffen Kratz · **Sorel** von
Larry Portis · **Manès Sperber** von Alfred Paf-
fenholz

Edition SOAK
im Junius Verlag

Max Horkheimer
Gesammelte Schriften

Herausgegeben von Alfred Schmidt und
Gunzelin Schmid Noerr

BISHER ERSCHIENEN:

Band 7: Vorträge und Aufzeichnungen 1949–1973
Band 8: Vorträge und Aufzeichnungen 1949–1973
Band 12: Nachgelassene Schriften 1931–1949

IM APRIL 1987 ERSCHEINEN:

Band 5: ›Dialektik der Aufklärung‹
und Schriften 1940–1950
Band 9: Nachgelassene Schriften 1914–1931

IM HERBST 1987 ERSCHEINEN:

Band 2: Philosophische Frühschriften 1922–1932
Band 11: Nachgelassene Schriften 1914–1931

**Die Edition
von Max Horkheimers Gesammelten Schriften
wird achtzehn Bände umfassen.
Jeder Band erscheint gleichzeitig im
S. Fischer Verlag
im Fischer Taschenbuch Verlag**